TORRENTES DE EMOÇÕES

O Equilíbrio Entre o Um e o Todo

TORRENTES DE EMOÇÕES

O Equilíbrio Entre o Um e o Todo

Dulce Soares ◆ Dulce Martins ◆ Ermil-Mihai Diaconescu

Ana Galo • Daniella Soncine • Elza Baptista Filha • Fabiana Pimenta • Fernando Cattelan • Gisele Moreira • Ivana Hilgert • Lia Silva • Lucia Santarém • Nídia Costa • Oséas Farias

QUALITYMARK

Direção Editorial	Produção Editorial
SAIDUL RAHMAN MAHOMED editor@qualitymark.com.br	EQUIPE QUALITYMARK

Capa	Editoração Eletrônica
CARLOS ALMEIDA	ABREU´S SYSTEM

CIP-BRASIL. CATALOGAÇÃO NA PUBLICAÇÃO
SINDICATO NACIONAL DOS EDITORES DE LIVROS, RJ

S653t

Soares, Dulce
Torrentes de emoções : o equilíbrio entre o um e o todo / Dulce Soares. – 1. ed. – Rio de Janeiro : Qualitymark Editora, 2021.
120 p. ; 23 cm.

Inclui bibliografia
ISBN 978-85-414-0405-1

1. Assessoria pessoal. 2. Psicoterapia de grupo. 3. Assessoria pessoal – Prática. 4. Aconselhamento. 5. Relações humanas. I. Título.

21-72051 CDD: 158.3
CDU: 159.947.3:616.8-085.851

Camila Donis Hartmann – Bibliotecária – CRB-7/6472

2021
IMPRESSO NO BRASIL

Qualitymark Editora Ltda.	www.qualitymark.com.br
Rua Carlos Machado, 155 – sl. 207	E-mail: quality@qualitymark.com.br
Polo Cine e Vídeo – Jacarepaguá	Tels.: (21) 3597-9055 / 3597-9056
CEP: 22775-042 – Rio de Janeiro – RJ	Vendas: (21) 3296-7649

Sumário

Prefácio – Maria Helena Anjos

As palavras, neste livro, têm a magia do encontro de cada Eu com o Nós!

Recordo-me, com uma torrente de emoções, que o meu filho Bernardo adormecia, com um sorriso doce, quando lia para ele uma história. Histórias escritas por mim durante uma gravidez de risco.

Porque as escrevi? Por necessidade. Porque era uma maneira de nos sentirmos vivos. Porque em cada dia desenhava o amanhã. Para partilhar. Porque era uma maneira de meditar. Pelo deslumbramento que me provocam as palavras. Há palavras cheias e palavras vazias. Para ser como um Deus criador que desenha mundos possíveis. Para pensar. Por dor e prazer. Para alimentar a minha fé. Porque quando escrevo tenho uma maior consciência de todas e de cada uma das minhas emoções. Por paixão e amor. Por desassossego. Para nutrir e salvar o Ser que vivia em mim.

As palavras, neste livro, têm a magia do encontro de cada Eu com o Nós!

E um dia, de mansinho, o meu filho disse-me: "mãe, gosto tanto das tuas palavras!"

E naquele momento percebi que as palavras são as grandes escultoras dos pensamentos, dos sentimentos, das emoções, da vida!

As palavras, neste livro, têm a magia do encontro de cada Eu com o Nós!

Sinto-me honrada por ter sido uma das primeiras pessoas a ler esta obra e por ter o privilégio de escrever sobre o que li e senti. Escrever palavras sobre as palavras que foram escritas neste livro.

Sinto a urgência de escrever que este livro é uma pérola. Sinto a urgência de lhe dizer, caro leitor, que este livro é a Arte do *Coaching* de Grupo, uma arte vivida e partilhada por todos os intervenientes.

Uma Arte que mostra, com estética, a força do grupo, o valor dos silêncios, a alegria da unicidade e o gosto de criar um Nós com uma voz.

Comecei a fazer *Coaching* há mais de 20 anos. Já li obras fantásticas e este livro é uma peça de Arte para tratar com pinças.

As palavras, neste livro, têm a magia do encontro de cada Eu com o Nós!

O leitor vai ter oportunidade de sentir as Torrentes de Emoções que vibraram neste processo criativo, que começou em março de 2020, num dos piores momentos da história da humanidade. E enquanto se instalava o medo do nada saber sobre o vírus, quando se choravam as perdas irreparáveis, sem a dignidade de um último adeus, quando o relógio marcava mortos, em vez de minutos, a Dulce Soares, um ser humano ímpar, psicóloga e *coach*, uma mulher que nasceu para escutar e para servir aos outros, ofereceu uma palestra sobre "Resiliência em tempos difíceis". E é na sequência desse encontro que nasce um grupo de voluntários interessados em passar por um processo de *Coaching* de Grupo.

As palavras, neste livro, têm a magia do encontro de cada Eu com o Nós!

Este processo de *Coaching* de Grupo foi conduzido por Dulce Soares, mestre dos saberes, da intuição e do respeito por cada eu e cada nós, e por Ermil-Mihai Diaconescu, um *coach* romeno, parceiro da Dulce Soares no *Coaching* de Grupo e amante da Língua Portuguesa.

Nos bastidores do *Coaching* também há lugar para a Dulce Martins, psicóloga clínica, neuropsicóloga e psicomotricista, que teve um papel crucial nos bastidores ao observar e assinalar a fronteira tênue que separa a psicoterapia de grupo do *coaching* de grupo.

E no palco do *Coaching* de Grupo ficaram os atores, sem *script*, curiosos e quase tão corajosos como os navegadores portugueses nos séculos XV e XVI.

Os atores são os Resilientes Assumidos, os que passaram pelo processo ao longo de 10 sessões, a que se juntaram, como *mentees*, as Meninas dos Bastidores. Um grupo luso-brasileiro que falou a linguagem das dores e dos afetos.

As palavras, neste livro, têm a magia do encontro de cada Eu com o Nós!

A singularidade deste livro está no facto de termos a oportunidade de aprender o que é *Coaching* de Grupo a partir das seguintes ações:

- Lendo os testemunhos das vivências de cada um dos seus intervenientes.
- Mergulhando em um capítulo mais acadêmico sobre as "Diferenças entre Psicoterapia e *Coaching* de Grupo como uma das Tipologias de um Processo Grupal", escrito por Dulce Martins.
- Tendo a forte impressão de que estamos ao lado da Dulce Soares e do Ermil no capítulo "Dois *Coaches* e um Processo Grupal" e que escutamos as suas reflexões entusiasmadas sobre a Torrente de Emoções referente a esta experiência grupal feita de pessoas distintas, ao que se somaram a heterogeneidade profissional e a multiculturalidade.

Sim, as palavras, neste livro, têm a magia do encontro de cada Eu com o Nós!

Honrando tudo o que este livro me deu, destaco algumas palavras e expressões, pela beleza e conteúdo: confiança, estrutura, organização, emoções, pertença, força do grupo, eu, rede grupal, trapezistas da vida, suporte, transferência, inconsciente, supervisão, nós, recursos, ações, olhar, contexto, ética, mentoria, foco, sessão, gratidão, partilha, música, objetivo, descobrir, mudança, caminhos, incerteza, generosidade, coragem.

Depois desta nova viagem pelo mundo do *Coaching* e como última mensagem, quero deixar escrito que sinto que não há como não cuidar dessa profissão maravilhosa, e que é urgente sermos cada vez mais profissionais e solidários.

Obrigada,

Dulce

Helena Anjos
Executive Coach PCC ICF, nas modalidades Individual, Equipes e Grupos
Supervisora e Mentora certificada de *Coaches*
Master Practitioner EMCC
Past President ICF/PT
Mestre em Psicologia Clínica
Psicoterapeuta pela Sociedade Portuguesa de Grupanálise

Prólogo de Izildinha Rommel

Quando Dulce me convidou para escrever o prólogo de seu mais novo livro eu pensei: por que eu?

Dulce e eu nos conhecemos apenas virtualmente, e não sabemos muito uma da outra.

Quando me associei ao ICF Portugal descobri a Dulce, durante uma reunião de aprovação de contas. Estávamos reunidos em uma sala de reuniões em Lisboa e Dulce se juntou a nós virtualmente, pois estava em Porto.

Durante a reunião, e por meio das palavras de Dulce, comecei a entender a extensão da resiliência dessa mãe, avó, esposa, *coach*, profissional, parceira... e outros adjetivos que ainda terei o prazer de descobrir.

Logo no início da nossa reunião a Dulce compartilhou seu estado de espírito de AVÓ, que agradece ao universo pela melhora da sua netinha.

Foi para mim a primeira amostra da RESILIÊNCIA dessa grande profissional, respeitada por seus clientes e por seus pares.

Escrevendo estas linhas descubro a razão pela qual o "destino" fez com que a Dulce me convidasse para participar modestamente desse belo trabalho de grupo sobre a Resiliência.

Quando um trapezista decide realizar uma acrobacia, ele deve soltar o primeiro trapézio, se lançar no vazio para em seguida alcançar o trapézio seguinte.

Para ter sucesso, o trapezista precisa de disciplina, equilíbrio, destreza, concentração, preparo físico e, principalmente, CONFIANÇA.

Durante a pandemia, nossos queridos Trapezistas da Vida - Resilientes Assumidos - decidiram juntos soltar o primeiro trapézio (o antigo, o conhecido, a zona de conforto), para que antes de alcançarem o segundo trapézio (o novo, o amanhã, o desconhecido, o inconfortável) se lançassem no vazio com confiança. E, ao alcançar o vazio, decidiram dançar juntos embalados por suaves canções de solidariedade, respeito, acolhimento e vontade de aprender juntos.

Sim, a pandemia nos tem atingido a todos, nas mais diversas formas. E tem sido muito difícil!

Estamos todos tentando nos equilibrar no trapézio da vida, esperando que nosso salto seja seguro.

Os belos relatos que tive o prazer de compartilhar durante a leitura deste livro me enchem de orgulho.

Orgulho de ser HUMANA, orgulho de ser *COACH*, orgulho de ser RESILIENTE.

Se o trabalho feito pelos Trapezistas da Vida - Resilientes Assumidos - é de extrema importância para o desenvolvimento pessoal de cada um, a ideia de compartilhar essa experiência com os outros mortais é uma grande prova de GENEROSIDADE.

Como nos ensina Kurt Lewin, "nada é mais prático do que uma boa teoria", ensinamento enriquecido por Claude Champagne ao dizer que" não existe nada mais prático do que escrever sobre sua prática".

Os Trapezistas da Vida confirmam, com maestria, a força do coletivo, a beleza da dinâmica de um grupo, a leveza da solidariedade e o prazer de aprender com o grupo.

Izildinha Rommel
Coach, MCC, Formadora, Supervisora

Agradecimentos

"(...) As pessoas mais felizes não têm as melhores coisas.
Elas sabem fazer o melhor das oportunidades
que aparecem em seus caminhos (...)"
CLARICE LISPECTOR

Começo a agradecer ao meu companheiro do coração, Rubio Soares, pelo incansável apoio, parceria, cuidado, amizade, amor comigo e respeito pelo meu trabalho.

Ao meu neto Rafael Soares, que muitas vezes deseja falar comigo, mas ao ver-me envolvida em projetos de trabalho que me energizam, dá um passo atrás, procurando falar em outro momento. Quando tenho a chance de flagrar essa ação dele, paro tudo e digo: "pode me interromper meu neto!"

Outros agradecimentos importantes são para TODOS que estiveram na palestra do dia 30 de março de 2020, pois foi nesse dia que "esbarrei" com os Resilientes Assumidos: Oséas Farias, Lia Silva, Daniella Soncine, Ana Gallo, Elza Baptista, Fernando Catellan e Fabiana Pimenta; com as Meninas dos Bastidores: Lúcia Santarém, Ivana Hilgert, Gisele Moreira, Nídia Brito e meus parceiros de trabalho: Ermil Diaconescu e Dulce Martins.

Agradecer as oportunidades da vida é um privilégio, ser grato significa que reconhecemos alguém que nos fez uma ação positiva, que nos ofereceu ajuda, por isso, sou grata à Helena Anjos, Izildinha Rommel, Kaamila Mahomed, Leonardo Chebar, Carla Ottoni, Carlla Zanna, Meiry Santana e Deisi Nara, que se disponibilizaram a ler este livro em um tempo recorde, escrevendo suas percepções, compartilhando seus pensamentos e sentimentos sobre o livro no formato de Prefácio, Prológo, Pósfacio e depoimentos de alguns *coaches* queridos meus, de várias regiões do Brasil. Agradeço à profissional Bruna Aiello, que fez a transcrição entre mim e Ermil, no final do livro: "Dois *Coaches* e um Processo Grupal".

E por último, mas não menos importante, saúdo e agradeço à Saidul Rahman Mahomed por trazer, pela segunda vez a essa existência, a minha alma de escritora, com a de meus amigos e colegas de profissão.

Eu me sinto genuinamente agradecida a você, Mahomed, ou seja, sinto-me vinculada a participar não só deste projeto, mas de outros que venham a surgir.

Com estima,
Dulce Soares
Coach de Grupos e Equipes
Membro Credenciada MCC/ICF

Aquecendo os Motores...
Por Dulce Soares

Este livro é diferente de tudo que já produzi na minha carreira profissional, e você, leitor, constatará isso ao longo da sua leitura, que começará por um *brainstorming* de palavras produzidas por Lia Silva, em seguida por uma melodia e letra com composição e arranjo do músico Oséas Farias - o pai da competência guarda-chuva do grupo - Resiliência. Temos vários relatos de experiências evidenciando o impacto desse processo de *coaching* de grupo em pessoas muito diferentes, porém, com algumas coisas em comum, como por exemplo uma extrema sensibilidade. Outra convergência percebida foi a habilidade da resiliência, que já estava no "baldinho existencial" de cada integrante, só bastava ser um bocadinho mais empoderada por conta da pandemia. Tivemos também uma entrevista em formato de vídeo, gravado no YouTube, com a participação de uma das *coaches* de grupos/equipes, Lúcia Santarém e Dulce Soares. Da mesma forma, tivemos outro vídeo retratando uma conversa técnica e espontânea, transcrita por Bruna Aiello - profissional que trabalha comigo transcrevendo sessões de *mentoring* para meus e minhas *mentees*.

Bruna transcreve uma conversa reflexiva entre dois *coaches*: Ermil Diaconescu e eu, Dulce Soares, *coaches* que atuaram juntos nesta modalidade de Um para Muitos, além do bom e respeitável artigo científico da minha convidada especial, a psicóloga, Xará, amiga e avó de nossa neta - "Manuela de Neve" - a querida Dulce Martins.

São vários "Eus" vindos de culturas e geografias diversas, além de uma heterogeneidade de profissões. Participaram desse processo quatro *coaches*, dois advogados, um músico, dois psicomotricistas, dois pedagogos, dois psicólogos e uma agente imobiliária, pessoas de várias regiões do Brasil, de Portugal e da Romênia, como Ermil Diaconescu, (Bucareste - Romênia) Dulce Martins (RJ -Brasil), Elza Baptista (Algarve - Portugal), Fabiana Pimenta (RJ - Brasil) Ivana Hilgert (RS - Brasil), Nídia Costa, (Lisboa - Portugal) Gisele Moreira (MT - Brasil), Oséas Farias (RJ - Brasil), Daniella Soncine (SP- Brasil) Ana Galo (MT- Brasil), Lia Silva (Porto - Portugal), Lucia Santarém (RJ - Brasil), Fernando Cattelan (SP- Brasil) e eu, Dulce Soares (Vila Nova de Gaia - Portugal).

Esta produção está entrelaçada por sentimentos, pensamentos e ações de vários "Eus" do Grande Outro, conhecido também como Tu e Nós, todos engajados a tecer uma rede humana solidária, propícia a vários lançamentos de trapézio, em que os saltos mortais, aqueles que fazem os tambores rufar até os pulos iniciais, são uma forma de aquecer os motores para o grande espetáculo que o grupo batizado como Resilientes Assumidos está prestes a dar para vocês...

Este processo grupal ocorreu em plena pandemia da Covid-19. Teve início no dia 30 de março de 2020 com uma palestra cujo tema era: "Resiliência em tempos difíceis, uma ação do Projeto Rede Solidária, pensado e apoiado por uma empresa de Tecnologia da Informação de pequeno porte - A IT Quality Systems LTDA". Após a palestra, tínhamos em torno de 50 pessoas. Fiz um convite que impactou como um chamado a 14 pessoas.

O processo ocorreu de 01 de abril a 01 de julho de 2020, com duas horas e trinta minutos de duração cada sessão. Das 14 pessoas, algumas tiveram papéis diferentes. A primeira delas, Dulce Martins, psicóloga clínica, neuropsicóloga, psicomotricista muito experiente que tinha, e teve, um papel epistemológico neste projeto. A função da Xará (forma como a chamo carinhosamente) era justamente observar e demarcar as fronteiras do *coaching* de grupo com a psicoterapia grupal. Essa ação e (pré) ocupação estavam em meu pensamento e sentimento como algo muito importante e valioso, já que meu objetivo era sinalizar e demarcar, aos participantes e potenciais leitores desta obra, o lugar epistêmico de cada processo grupal.

A presença neste processo de Dulce Martins funcionou para mim como um "diapasão" preciso de como lidar, de forma técnica, com a emergência (no sentido de vir à tona) do inconsciente. Sabemos que ele pode se manifestar em qualquer espaço, mas é preciso lidar com ele caso apareça. Dessa forma, o *coach* profissional aprende a lidar com as possíveis situações sem surpresa, sem temer invadir outras áreas do desenvolvimento humano, e com proficiência para isso.

O inconsciente é vivo e dinâmico, ele salta para a vida. O desafio do *coach* voltado para a intervenção coletiva é perceber, por meio da observação sistemática e de uma triagem profunda e profícua na sua escuta, como acolher esse inconsciente, identificar se é o que chamamos de inconsciente desconhecido (aquele que noticia um saber não sabido e que se manifesta de forma natural, quando se passa a saber algo) ou o inconsciente recalcado, também conhecido como reprimido, aquele que mobiliza e sacode nossas estruturas internas. Este último deve ser cuidado por psicanalistas experientes e que fazem parte de um bom processo psicoterápico.

Tivemos também outras pessoas que se juntaram a mim nesse processo, como colegas de outras profissões, *coaches*, ex alunas do Programa de Imersão em *Coaching* de Grupos e Equipes: A Arte do Processo Grupal - de minha autoria e coordenação -, curso acreditado como CCE pela ICF, com as seguintes representantes da Primeira Turma (Ivana Hilgert e Gisele Moreira), da Segunda Turma (Lúcia Santarém), da Terceira Turma (Nídia Costa) e da Quarta Turma (Daniella Soncine). Inclusive, esta última jovem fazia parte da arena grupal - é uma Resiliente Assumida.

Ermil - Mihai Diaconescu foi o *coach* que convidei para trabalhar comigo. - ora ele atuava como *coach* assistente, ora como *coach* principal. Fizemos um rodízio entre nós, *coaches*, para que pudéssemos desenvolver e empoderar ainda mais os participantes dessa arena virtual.

Instituímos, na segunda parte dos encontros, um espaço de *Mentoring* e Supervisão, após as sessões, com as *coaches* de grupos e equipes, recém-formadas do meu Programa de Imersão. Elas foram as nossas *mentees*, e eu as chamava carinhosamente de "Meninas dos Bastidores". Nesse espaço discutíamos a cadência da sessão, as aprendizagens do grupo, que outras perguntas poderiam ter sido feitas, o uso de recursos disparadores, que outros caminhos poderíamos ter desbravado etc. O mais interessante é que ninguém queria ir embora. Até mesmo os clientes do processo grupal também queriam ficar para ouvir e saber o que falaríamos deles ao final dos trabalhos. É nesse momento que todos nós fazemos aniversários emocionais, nos emocionamos com as falas dos colegas, aprendemos, crescemos com os nossos *insights* e com os *insights* dos outros, bebemos todos juntos na sabedoria coletiva e nos transformamos em pessoas melhores.

Respeitável leitor, com vocês, o maior espetáculo da Terra no formato humano!

Os Trapezistas da Vida, conhecidos também como os Resilientes Assumidos, e as Meninas dos Bastidores.

Brainstoming de Lia Silva.... Antes, Durante e Após o Processo de Coaching

InSegurança.

Crescendo ao longo prazo.

Tábua de salvação?

Ana Galo

Oséas - Me dou de coração.

Fabiana - Ri com os olhos.

Crer no Processo

muitas saudades do grupo

Sem abrigo

Voluntariado

Coisas na vida que não correm bem...

Daniella - Assertiva

Corrida

Olha para cima

Olha para baixo

Dias bons e dias maus

Crescendo como Pessoa.

Diferenças entre Psicoterapia e Coaching de Grupo como uma das Tipologias de um Processo Grupal

Dulce Martins

"A demanda humana é hipercomplexa,
desafia-nos constantemente
a desconstruir nossas
lógicas simplificadoras
e a religar saberes para
entender o básico sobre
as múltiplas causas e
consequências de cada gesto,
cada aproximação e afastamento
de nossas necessidades e desejos."
(EDUARDO COSTA, 2017)

INTRODUÇÃO

Inicio este capítulo registrando que o mundo está vivendo um momento de incertezas e não saberes diante de uma pandemia, um vírus que impõe a descontinuidade de milhares de vidas, projetos, sonhos, relações, afetos, amores, trabalhos, infâncias; e os encontros foram transformados em virtuais.

Estamos diante de uma tela, sem corpo, sem cheiro, sem o toque, sem o beijo, sem o abraço, cada um no seu quadrado. Só nos resta o olhar e a voz para tocar o outro e ser tocado, sair do isolamento social permanecendo nele, sem sair de casa.

Foi neste cenário de caos social que buscamos ressignificar o nosso viver e ir ao encontro do outro. Mesmo diante de todos os limites da virtualidade, o grupo denominado "Os Resilientes Assumidos" aceitou o desafio de participar do processo de *coaching* de grupo e, juntos, vivemos momentos inesquecíveis que mobilizaram a todos e serão retratados neste livro, organizado por Dulce Soares.

A multiculturalidade e a diversidade estavam representadas nesse grupo e pudemos perceber, ao longo dos encontros, como somos iguais e que tudo está interligado, não importa se somos do Sul, do Norte, latinos, europeus. Todos vivenciamos ansiedades, impasses e incertezas diante dos riscos produzidos pela doença Covid-19, causada pelo vírus que atingiu a humanidade.

Compartilhar nossos sentimentos/emoções/medos e encontrar um eco de reciprocidade e acolhimento das angústias e necessidades de cada um e de todos oportunizou refletirmos e sentirmos a importância dos laços coletivos na vida humana.

Assim iniciamos esta caminhada. Eu, com o olhar de Psicóloga Clínica, Neuropsicóloga e Psicomotricista Clínica e Educacional, trabalhando com a infância há mais de 20 anos, busco, neste capítulo, tecer os fios/conceitos acerca de um tema contemporâneo e que é foco de muitas controvérsias e disputas de territórios, a Psicoterapia de Grupos e o *Coaching* de Grupos. Esse tema me foi proposto por Dulce Soares, *Coach* de Grupos e de Equipes, *Coach* de Relacionamentos e de Carreira, Psicóloga e Psicopedagoga, Membro Credenciada MCC/ICF - *Internacional Coaching Federation*, a partir da minha primeira participação em um processo de *Coaching* de Grupo, coordenado por ela.

Participei, como observadora, das diferenças entre as duas intervenções grupais e do seu manejo enquanto *Coach*, identificando pontos de interseções e situações fronteiriças entre a Psicoterapia e o *Coaching* de Grupo.

O que me fez aceitar o convite para vivenciar esse processo grupal inusitado na minha trajetória profissional, já que trabalho com base em uma ancoragem mais intersubjetiva, com uma abordagem livre-expressiva, foi a sua trajetória profissional, a ética e o seu discurso, que demonstra a sua competência e paixão pelo que faz. Suas palavras, na abertura do encontro com o grupo, trazem verdades e transmitem confiança:

> "O processo de Coaching de Grupo é um trabalho intenso e profundo para costurar os EU's no espaço do NÓS. É um processo quase que sagrado, ainda mais com a responsabilidade que eu procuro ter e fazer. E esse é o carro- chefe da minha vida há anos, até como psicóloga que trabalha com grupos. É um momento muito especial, portanto, se você não estiver pronto, não venha; se vier, venha por inteiro - vamos entrar numa caverna com o objetivo de encontrar um tesouro."
>
> (DULCE SOARES)

Durante dez encontros fui observando, registrando e desconstruindo ideias preconcebidas acerca do *Coaching* de Grupos, percebendo a linha tênue que separa essa abordagem da Psicoterapia de Grupos, que ao longo do capítulo iremos descortinar.

Trabalho com a Clínica Transpsicomotora, que está fundamentada no Pensamento Complexo de Edgard Morin (2000), Psicomotricidade e Transdisciplinaridade, religando esses saberes que trazem um olhar poliocular na compreensão do sujeito/criança (e não apenas de seu sintoma), levando em conta a multidimensionalidade do ser humano.

Objetivamos, como as outras psicoterapias, resgatar a unidade do sujeito com dificuldades em seu encontro com o mundo, consigo e com outro por meio de um olhar/escuta para as subjetividades expressas nos corpos em movimento, sua corporeidade.

Adotamos estratégias relacionais, em uma abordagem psicocorporal para atender às dificuldades interacionais do sujeito/criança, evitando o pensamento reducionista, ampliando as ações para compreensão das singularidades e multiplicidades de ser e estar no mundo e ajudá-las a encontrar suas potencialidades.

Somos seres sociais, gregários por natureza, e é a partir da relação com o outro que me constituo como sujeito. Essas interações e retrointerações se retroalimentam, formando essa teia pessoal e única.

Como nos diz Morin (1989) por meio do Pensamento Complexo, precisamos olhar o sujeito/criança de uma forma integrada, pois ele é ao mesmo tempo psíquico, sociológico, econômico, histórico, demográfico. Para ajudá-lo é preciso uma visão "poliocular" de todos os aspectos da vida humana.

Para a compreensão dos fenômenos humanos é preciso um olhar ampliado e a contextualização do sujeito/criança:

> "Não bastam técnicas e instrumentos de intervenção, é preciso uma visão de homem, uma compreensão da sua realidade complexa, e só a partir da observação da sua trajetória original e multifacetada, intervir na facilitação do seu caminho." (Costa, 2000)

Essa proposta traz suas contribuições para refletirmos acerca do devir adulto, com seus sentimentos de pertencimento, de autopercepção, autoestima, crenças interpessoais que são inscritas desde a primeiríssima infância. Vários estudos demonstram a importância das relações psicoafetivas mãe-bebê, do fortalecimento dos vínculos afetivos, profundos, positivos e recíprocos para o desenvolvimento harmonioso do sujeito/criança.

A criança em desenvolvimento deseja corresponder às expectativas dos pais cultivando e enfatizando aspectos pessoais que têm aprovação. Ao longo do ciclo evolutivo construímos nossa autoimagem com base em avaliações refletidas das figuras de referência e por meio das intersubjetividades.

Essa matriz relacional se expande ao longo da existência humana e os modelos contemporâneos da Psicoterapia Dinâmica empregam um modelo relacional que leva em conta as configurações interacionais do *self* em relação aos outros.

Para abordarmos o tema proposto, trouxemos inicialmente o pensamento moriniano e sua visão de homem, o que é necessário ao considerarmos a importância da ampliação do nosso olhar para aquele que nos pede ajuda. Além disso, para a constituição do sujeito que se refletirá ao longo da vida, é preciso levar em consideração a importância das relações humanas desde o nascimento

A seguir traremos os conceitos sobre Psicologia e Psicoterapia para em seguida nos atermos à Psicoterapia de Grupos e ao *Coaching* de Grupos e suas diferenças e interseções.

Psicologia & Psicoterapia

Podemos pensar a Psicologia como uma ciência complexa e transdisciplinar, constituída por um conjunto de conhecimentos psicológicos, fisiológicos, antropológicos, filosóficos, sociológicos, comportamentais e relacionais que permitem abordar o humano, seus estados e processos mentais, favorecendo a integração desse sujeito consigo, com o mundo e com outros sujeitos.

Psicologia deriva-se das palavras gregas: *psique,* que significa "alma", e *logia,* que significa "estudo de". Portanto, a Psicologia estuda os processos psíquicos que originam os comportamentos.

Profissionais de várias áreas se utilizam da Psicologia nos campos da clínica, educação, empresarial, hospitalar, esportiva, *coaching* e outros, religando os saberes para a compreensão do ser humano.

A Psicoterapia, por ser uma área da saúde mental, tem por base princípios e técnicas da Psicologia. Trata-se de um processo baseado no conhecimento científico do funcionamento psicológico mediado por um profissional especializado, o psicoterapeuta, que pode ser um psicólogo ou psiquiatra, que visa alcançar mudanças de modo a aumentar o bem-estar e o equilíbrio psicológico de quem o procura.

O objetivo é favorecer a capacidade da pessoa para gerir, com autonomia, e eficiência, as dificuldades e os desafios da vida, quer se encontre com ansiedade, depressão ou problemas interpessoais, alimentares, de controle de impulsos, relacionais, de regulação emocional etc.

A busca por apoio psicológico envolve várias razões, desde o aconselhamento (dúvidas sobre tomadas de decisão) até o tratamento de perturbações psicopatológicas.

Tanto a psicoterapia individual como a de grupos demonstram, de maneira inequívoca e por meio de pesquisas científicas, a sua eficácia e os benefícios significativos para as pessoas que delas participam no encontro com as suas potencialidades.

Psicoterapia de Grupos

O interesse pelo estudo do comportamento e psicologia dos grupos humanos tem mais de cem anos de existência e existe um amplo reconhecimento de que Joseph H. Pratt foi o pioneiro, o iniciador da psicoterapia de grupo.

Desenvolvida no período de 1907 a 1950, a psicoterapia de grupo foi enriquecida pelos aportes da teoria freudiana, teoria dos campos, psicologia da forma e dinâmica de grupo. Entre outras contribuições, foram estabelecidos seus fundamentos, conforme Santos (2005).

Wilfred Bion (1952) acrescentou uma nova dimensão ao estudo dos fenômenos de grupo para a população em geral. Suas noções sobre grupos terapêuticos, os aspectos relacionais entre os pacientes, os conteúdos trabalhados e as trocas estabelecidas com o terapeuta inspiraram uma nova abordagem da dinâmica intrapsíquica por meio dos movimentos intersubjetivos. Os processos de grupo propostos por Bion têm um grande alcance e podem ser aplicados a vários formatos de grupos e associações humanas.

No seu livro Psicoterapia de Grupo: teoria e prática, Irvin Yalom (2006) considera o foco interacional como o motor da psicoterapia, ressaltando que não bastam teorias e técnicas do terapeuta. Suas atitudes, escuta, interesse, aceitação e empatia com o paciente são de fundamental importância; as relações de confiança estabelecidas com o paciente permitem trabalhar e desfazer a autoimagem negativa deste, ressaltando a importância da formação do terapeuta e a utilização adequada do método.

Em uma relação terapêutica, assim como em toda relação de ajuda, é preciso ampliar o olhar para as questões trazidas e fazer uma avaliação profunda e minuciosa da real necessidade que muitas vezes não é dita, sendo superficializada.

A experiência humana é um todo biopsicossocial que não pode ser dividido em partes, nem reduzido a nenhuma delas. Percebemos o mundo, essa percepção gera sentimentos e emoções elaborados em forma de pensamento, que por sua vez vão determinar o nosso comportamento no cotidiano, inseridos em um contexto. Está tudo interligado, a fragmentação do sujeito impede a sua compreensão, ele é um todo integrado e precisa ser contextualizado.

Morin (1991) nos fala que pensar complexo é pensar em movimento, dialogando com diversas visões, e esse diálogo busca contemplar as diversas dimensões do homem, olhar para a complexidade intrínseca dos problemas, captar a totalidade da condição humana, respeitando a multidimensionalidade do ser.

O ser humano, na sua essência relacional, necessita de compreensão, acolhimento, afetividade, reconhecimento, do encontro, da razão, das sensações, das emoções, do prazer, da intuição, dos sentimentos de pertencimento e de amor, e a busca do equilíbrio entre essas funções é uma condição essencial para a sua existência e saúde.

> "No contexto de saúde mental, uma das formas mais difundidas de utilização do dispositivo grupal é a psicoterapia. Essa modalidade de atendimento psicológico alcançou, nas últimas décadas, uma expansão extraordinária."
>
> (Bechelli, LPC & Santos, M A, 2005)

Na psicoterapia de grupo existem especificidades que determinam o engajamento dos integrantes do grupo em uma relação terapêutica produtiva, beneficiando todos os envolvidos no alcance das transformações necessárias.

Inicialmente as regras do grupo são combinadas, os integrantes se apresentam e são convidados a trazerem seus pensamentos, sentimentos e emoções. A interação é livre e espontânea, o silêncio é uma forma de expressão e deve ser respeitado, não há censura, não há roteiro preestabelecido, o clima permite e possibilita a autorrevelação. Os temas e discussões são abertos e trazem vários sentimentos, sensações e pensamentos que afetam de forma diferenciada os participantes, causando ansiedade em alguns, desconforto em outros, inibição para se expor e pressão para falar. Até que o vínculo de confiança seja instaurado, apesar da confidencialidade dos assuntos tratados no grupo, a exposição pessoal é vivenciada de forma singular por cada integrante.

Aos poucos o envolvimento, engajamento e a participação vão acontecendo, o compartilhamento de ideias, apoios recíprocos, participação ativa contribuindo com comentários sobre os assuntos discutidos, assumindo responsabilidade com o grupo e consigo, inclusive trazendo revelações pessoais sobre temas íntimos a partir do respeito e confiança mútuos.

O terapeuta atua como facilitador das interações que se retroalimentam por meio de um olhar/escuta e atenção flutuante nas leituras das formas de ser e estar no grupo de todos os integrantes, respeitando as singularidades e a multiplicidade de cada ser. Cria-se um espaço de conexão e pertencimento, de verdades desvendadas pela fala e emoção do outro.

> "A possibilidade de explorar as implicações interacionais do comportamento do indivíduo no grupo é a característica distintiva que confere à psicoterapia de grupo seu potencial terapêutico singular."
>
> (Bechelli, LPC & Santos, M A, 2005)

No processo grupal, a forma como cada um se apresenta, sua postura, como se veste, comportamento não-verbal, tom de voz, maneira de interagir, suas preferências, como se expressa verbalmente e o que o seu corpo transmite; tudo é relevante e nos sinaliza quem é esse sujeito e o que ele precisa.

Em um processo psicoterápico é de suma importância que o desejo de participar, se envolver e realmente investir na terapia esteja presente. É preciso estar aberto à participação e às interações com o grupo, buscando usufruir dos benefícios que essas trocas ocasionarão em si mesmo e nos outros, ressignificando sua forma de ser e estar no mundo como resultado terapêutico positivo.

O terapeuta, na psicoterapia de grupo, estará nessas relações promovendo, facilitando experiências positivas, a interação e a participação dos membros do grupo, favorecendo a autoconfiança, o crescimento e a capacidade de criar e encontrar respostas para solucionar e clarificar as dificuldades intrapsíquicas e interpessoais em um espaço de segurança.

O fortalecimento dos vínculos afetivos, da confiança e segurança entre os participantes do grupo e o terapeuta criará uma ligação emocional mais profunda, o que possibilitará a expressão dos sentimentos, das emoções e dos pensamentos sem censura, aumentando a possibilidade de autopercepção para assumir sua autenticidade e autocompreensão do que precisa ser transformado.

A interação em nível emocional é importante no processo psicoterapêutico. Interpretações baseadas nas experiências dos participantes, principalmente dos eventos interpessoais desencadeados na própria sessão provenientes de experiências do passado, situações do presente e preocupações com o futuro precisam ser acolhidas.

O que uma pessoa sente, suas crenças profundas, as distorções interpessoais podem ser transformadas após compará-las com as visões dos outros membros do grupo por validação consensual, um conceito importante na terapia de grupo na visão de Sullivan (1953).

O grupo de psicoterapia evolui e se torna uma representação, em miniatura, do universo social de cada participante. Por meio de *feedback* dos outros, da autorreflexão e da auto-observação, há a conscientização sobre várias questões comportamentais, sua autoimagem, seus potenciais, suas limitações e os comportamentos inadequados que evocam respostas indesejáveis do outro.

Todos os indivíduos têm uma inclinação inata de crescimento e autorrealização. O terapeuta auxilia e cria, com todos do grupo, condições que favoreçam reflexões e conscientização para superação dos impedimentos, dos obstáculos e de crenças patogênicas que bloqueiam o processo de crescimento e desenvolvimento, fortalecendo os vínculos afetivos, desenvolvendo a capacidade empática, criando um clima acolhedor e de segurança, de modo a maximizar as potencialidades de cada participante.

A psicoterapia de grupos exige do profissional um manejo clínico peculiar, além de conhecimento teórico, psicoterapia pessoal e supervisão clínica, pois ele está exposto a situações transferenciais, projeções de vários pacientes simultaneamente.

Essas condições são fundamentais para que o terapeuta esteja habilitado a conferir à psicoterapia grupal seu potencial terapêutico.

> "[...] é útil reservar a terminologia de "grupo psicoterápico" estritamente para aquelas formas de psicoterapias que se destinam prioritariamente à aquisição de *insight*, notadamente dos aspectos inconscientes dos indivíduos e da totalidade grupal." (Zimerman, 1997)

As situações vivenciadas pelo grupo são interpretadas no sentido de tornar conscientes situações e atitudes distorcidas e emocionalmente difíceis, ligando-as a situações inconscientes. As primeiras experiências emocionais que eclodem no grupo repercutem nos diversos componentes sob a forma emocional primária (o medo, a tristeza, a raiva, a aversão, a surpresa e a alegria), com grande carga emotiva, que ao longo do processo vai dando lugar a reações mais controladas. Desaparecem completamente, portanto, as formas emocionais primárias a partir do momento em que o indivíduo sente-se tranquilo e seguro fisicamente, psíquica e emocionalmente.

Os fenômenos psíquicos, em um processo grupal, estão em estado latente, é algo inerente à natureza do grupo. Fatores conscientes e inconscientes regem a dinâmica de qualquer grupo, e o que determina as diferenças e as especificidades é a finalidade a ser alcançada, o referencial teórico e técnico adotado, o tipo de *setting* constituído, as pessoas integrantes e outras variáveis que geram distintas e múltiplas modalidades de grupo.

Conforme afirma (Costa, 2019), "o grupo pode ser um porto seguro, um espaço "meta" para dar oportunidade às metamorfoses necessárias à ultrapassagem de obstáculos à vida poética e a aceitação plena de quem se é".

Vamos abordar, a seguir, o *Coaching* de Grupos, que traz suas especificidades e semelhanças com o processo descrito sobre a psicoterapia de grupos, mas com uma finalidade focada na realização de um objetivo definido sem aprofundar-se nas questões subjetivas dos participantes.

Coaching de Grupos

Algumas definições de *Coaching*, pelas Instituições de *Coaching* e de Psicologia:

A ICF - *International Coaching Federation* define o *coaching* como "uma parceria com os clientes em um processo instigante e criativo que os inspira a maximizar seu potencial pessoal e profissional". *Das oito competências essenciais de um profissional em coaching, segundo critérios da ICF – International Coaching Federation, a primeira é a diretriz ética que separa coaching de consultoria e de psicoterapia.*

Essa é a competência sine qua non, para que o trabalho seja feito de forma ética.

Fundação Universitária Ibero-Americana - FUNIBER: O título de **Especialização em** *Coaching* Pessoal - definimos o *Coaching* como um processo de acompanhamento reflexivo e criativo, oferecido a pessoas-clientes, a fim de atingir um objetivo específico e inspirá-los a maximizar seu potencial pessoal e profissional. Da mesma forma, o *Coaching* Organizacional também é responsável por acompanhar os líderes da organização de forma a auxiliá-los no desenvolvimento de habilidades de forma que eles aprendam a se mover e a liderar suas equipes no ambiente em que a organização está localizada.

A Sociedade Latino Americana - SLC Coaching: "método capaz de transformar vidas, relacionamentos, carreiras e empresas [...] por meio do *coaching* transformar sonhos em realidade e alcançar metas e resultados tanto pessoais quanto profissionais [...]"

Ordem dos Psicólogos Portugueses (OPP): O *Coaching* consiste em promover o potencial de alguém, maximizando o seu desempenho e facilitando a aprendizagem e o desenvolvimento de competências. Baseia-se em aspectos da teoria e da prática psicológicas e nas abordagens de educação de adultos (Palmer & Whybrow, 2007). O *Coaching* situa-se na intersecção da Psicologia Clínica, do Desporto, Organizacional e da Saúde. Qualquer uma dessas formações de base prepara o psicólogo para trabalhar com os clientes, recorrendo a técnicas científicas válidas para ajuda-los a atingir seus objetivos pessoais e profissionais.

Conselho Federal de Psicologia (CFP): Embora não exista regulamentação legal e específica para utilização do *coaching*, tal prática é caracterizada por ser um processo breve que se propõe a auxiliar o indivíduo a alcançar objetivos previamente definidos a partir de metodologias que envolvam a conscientização de elementos da vida, da história, interesses e potencialidades, e que transita em campos de atuação que permeiam o autoconhecimento e desenvolvimento humano. Assim sendo, entende que o trabalho do(a) psicólogo(a) na utilização do *coaching* é de extrema importância para a realização de um trabalho que vise à proteção e garantia o cuidado com a sociedade.

Todas as definições falam no desenvolvimento de potenciais e de competências para alcançar metas e resultados no trabalho, bem-estar individual, de grupos e organizações, voltado para pessoas que não apresentam psicopatologias e sofrimento psíquico grave. É um processo de ajuda pontual para atingir objetivos específicos e demandas delimitadas em um tempo determinado, mesmo que no grupo cada participante tenha seu objetivo definido.

No *Coaching* de Grupo podemos pensar que o foco é o autodesenvolvimento de cada integrante dentro do contexto grupal. Dessa forma, o grupo vai funcionar como ego-auxiliar e possibilitar, por meio das intersubjetividades que se retroalimentam e da dialógica sobre temas variados, que se entre em contato com seus pensamentos, sentimentos e emoções, promovendo autopercepção e autorreflexão do que se deseja transformar.

Nos meus registros, Dulce Soares trouxe uma bela definição: "*Coaching* de Grupos é uma conversa com planejamento e objetivo e tempo determinado, em que o grupo cria espaço para o desenvolvimento do Eu. É uma tomada de consciência que serve, simultaneamente, ao Eu e ao Nós".

É um espaço de escuta, reflexão e trocas que trazem *insights* e a busca das verdades individuais e do autoconhecimento, desenvolvendo habilidades e eliminando crenças limitantes que não permitem entrar em contato com os potenciais que estão latentes.

Entre a Psicoterapia de grupos e o *Coaching* de Grupos observei semelhanças profundas e uma linha tênue que separa essas duas abordagens, pois existe a utilização de teorias e saberes emprestados, recortados da Psicoterapia breve, Psicologia Psicodinâmica, Sistêmica, Humanista e outras técnicas da Teoria Cognitivo-Comportamental, Teoria da Aprendizagem, Inteligência Emocional, Psicologia Positiva, todas utilizadas no processo de *coaching*.

No *Coaching* de Grupo que participei com Dulce Soares, ela, como *coach* e psicóloga, tinha o manejo clínico ideal nos momentos críticos para não transformar a sessão de *coaching* em psicoterapia. Em vários momentos ela tinha que trazer o(s) indivíduo(s) para a superfície quando o mergulho era profundo demais, objetivando o aqui e agora e utilizando preguntas direcionadas para a meta a ser alcançada.

No processo de *Coaching* de Grupo o foco é no objetivo que cada componente elegeu como meta, e o *coach* vai ajudá-los a pensar, criar estratégias, reflexões que potencializem suas ações para atingir esse desejo específico.

Essa ajuda se dá por meio de poderosas perguntas que trazem os *insights* e a autoria de cada integrante, o uso potente de metáforas, o poder da palavra dita e não dita, o resgate do espaço de escuta, a reflexão e as trocas para favorecer o mergulho na sua essência em busca da verdade sobre si mesmo.

Quando se trabalha o desenvolvimento de objetivos importantes na vida das pessoas mobilizamos emoções, subjetividades e, em algum momento, questões emocionais profundas, comportamentos exacerbados e manifestações do inconsciente vão surgir. É preciso, portanto, "acolher o inconsciente, e não trabalhar em cima dele", como diz Dulce Soares.

O que faz a diferença, sendo um aspecto de grande relevância, é como o *coach* trabalha em cima desse conteúdo que lhe foi depositado sem mobilizar questões reprimidas profundas que tragam sofrimento, fazendo com que a pessoa fique aprisionada nessa regressão.

Em um trabalho de pesquisa que compara a teoria e prática das psicoterapias breves e as práticas de *coaching*, as autoras fazem alguns questionamentos, e um deles refere-se ao *coach* que não tem formação em Psicologia. Estaria ele apto a diagnosticar a presença de um transtorno ou de um evento de maior complexidade psicológica? (Rhoden, I.& Mello, R.E.F., 2013).

As tipologias de perguntas e intervenções utilizadas por Dulce Soares, enquanto *coach* de grupo, nesses momentos delicados e poderíamos dizer terapêuticos, demonstrou que é preciso um vasto conhecimento teórico, técnico, uma compreensão dos princípios psicológicos que estão por trás desses comportamentos e do manejo clínico adequado para acolher sem aprofundar a demanda trazida pelo cliente.

Fazendo um recorte dos momentos marcantes no grupo, quando as questões emocionais eclodiam a partir de propostas que levavam a busca no mundo interno de alguma situação ligada à competência escolhida, pudemos observar o manejo dos conteúdos trazidos e como cada um foi afetado sem perder a objetividade.

Os convites são feitos por meio de ferramentas variadas como a música, história infantil, imagens, paisagens, um objeto eleito por cada participante e perguntas objetivas como recursos disparadores da dialógica.

A história "O menino que gritou para dentro", do livro de Ana Ventura, trazida na quinta sessão, mobilizou o grupo e especialmente um participante, que se identificou com o menino e disse que era a sua história. Muito emocionado, trouxe palavras como "levei um tapa na cara", "me coloco nos frascos", "coloco muito pouco para fora", "mexeu muito comigo", "preciso dar esse grito", "tem coisa guardada, colocada debaixo do tapete". Sua emoção foi acolhida, ouvida e foi dado um tempo para ele pensar e trazer o segundo passo do seu plano de ação em busca do seu objetivo, trazendo para superfície sem aprofundar questões muito significativas a serem trabalhadas se fosse uma sessão de psicoterapia.

O grupo trouxe suas reflexões: "o grito representa nossos medos, tenho que dar esse grito"; "coragem para poder falar e não virar grito"; "não vale a pena guardar"; "colocar para fora tudo que incomoda".

Ficou bem demonstrado, portanto, que cada participante introjetou a história de acordo com suas próprias vivências, sentimentos e autopercepção. Além disso, a história trouxe um aprendizado para todos: reprimir as emoções e não olhar para as questões com profundidade a fim de solucioná-las é permanecer aprisionado, e libertar-se é o caminho para o crescimento.

Na sessão seguinte, entre tantas emoções como fechar os olhos e ouvir uma música e observar sua mensagem, ouvir o que os outros pensam de cada um, qual impacto que o "Eu" tem no "Nós", todos deveriam trazer algo que tivesse consonância com seu objetivo e observar qual a relação que cada um estabelece com seu objeto.

O grupo viveu momentos de muita emoção. Foi preciso um manejo e um olhar/escuta ampliado para as questões que mobilizaram alguns participantes.

Quando um participante traz a foto do casamento dos pais e fala: "eles continuam vivos em mim" e "são a força para eu continuar", isso significa que a resiliência é o seu objetivo - era a sua própria mãe, o que serviu para disparar emoções em todo o grupo. Trazer sua história de vida por meio da transgeracionalidade demonstra a importância das relações psicoafetivas e referências parentais positivas nesse devir adulto. O encontro com a sua essência possibilitou reviver essa falta e compartilhar com o grupo o orgulho de ser quem você é.

Logo em seguida, outra participante, tomada de emoção, sem conseguir falar, também trouxe sua história familiar - a força da sua mãe e a falta que ela fazia. Quando se encontravam, ela se reabastecia e se sentia forte. A imagem do Rei Leão, trazida pela participante, revelava a busca dessa força, que, sem perceber, ela trouxe para o grupo, em várias situações.

Nesse momento de grande fragilidade, foi preciso uma intervenção para que ela conseguisse falar e se acalmasse. Como uma mãe simbólica, Dulce Soares acolheu sua emoção e pediu afetivamente, mas sem perder a objetividade, que ela fosse lavar o rosto, tomar uma água e retornasse, para continuar. Esse manejo traz o indivíduo novamente para a superfície, de forma que não se aprofunde em questões inconscientes que falam do luto, da falta, das relações mãe-filha e em como tudo isso interfere na autoconfiança.

Algumas falas marcantes dos participantes, carregadas de significados e *insights*, foram trazidas ao longo do encontro:

"Ter foco, falar a sua verdade para sentir a liberdade, quem cria a prisão sou eu, meu corpo pede calma para seguir adiante."

"Toda força está em nós, é preciso brincar, pensar leve, os gritos são meus medos, olhar para mim e reconhecer que a pessoa difícil sou eu."

"Amenizar a reatividade, tranquilidade nas ações, ser mais positiva, se sentir segura, não acumular e falar, ativar a força que está em mim."

"Coragem para poder falar, fazer o que ama, baixar a ansiedade, ter paciência, buscar o equilíbrio para conquistar o mundo."

"Olhar para minha história, não me afastar da minha essência, colocar ideias e sentimentos no papel e ir em frente, inteira."

"Buscar o equilíbrio, foco profissional e não perder a essência, levar um pouco de tudo."

Ao longo do processo, as transformações foram acontecendo e se ampliando para além do grupo, conforme relatos referentes ao dia a dia, sobre a vida profissional e pessoal.

Para um psicólogo indicar Psicoterapia Breve, que muito se assemelha ao processo de *coaching* (delimitação de foco, planejamento de estratégias, disposição face a face, relação terapeuta e paciente ativos), é preciso compreender, a partir do discurso do paciente, a questão central, fazer um recorte e focar no ponto de emergência e na área de conflito a ser trabalhada. Além disso, antes de iniciar o processo é preciso fazer uma avaliação do tipo de personalidade e condições egoicas do indivíduo para ajudá-lo a retomar o equilíbrio psíquico.

Dependendo do resultado da avaliação é contraindicado um processo de curta duração, pois algumas personalidades não encontram recursos psíquicos para amenizar crises circunstanciais e pessoais que desejam solucionar.

Uma das diferenças marcantes em vários estudos sobre *Coaching* é que este não tem caráter clínico e trabalha com pessoas funcionalmente saudáveis, sem transtornos mentais. Não é feito diagnóstico nem aconselhamento. Trabalha para promover o potencial, competências, melhoria do desempenho e aprendizagem de técnicas e estratégias para atingir um objetivo bem definido.

No *coaching*, de um modo geral quanto pessoal, as intervenções são mais dirigidas aos aspectos superficiais do sujeito, e não aos fatores intrapsíquicos. Não há uma visão integral do ser humano, tampouco um enfoque multidimensional.

O *coaching* tem uma estrutura definida, trabalha com a identificação de objetivos, com o mapeamento de características do indivíduo, pontos de desenvolvimento, planos de ação. Tudo bem específico, de acordo com os objetivos definidos pelo próprio indivíduo na identificação de maneiras para alcançar o que deseja, acompanhando todo o processo. Além disso, é papel do *coach* desafiar o cliente a descobrir e utilizar o máximo de seu potencial para atingir o objetivo, levando-o a buscar novos entendimentos, alternativas e opções capazes de fazer com que ele amplie suas realizações e conquistas. Trata-se de um trabalho focado e direcionado para o alcance de um objetivo específico em um espaço de tempo determinado.

Com a ajuda de perguntas e ferramentas utilizadas pelo *coach*, é preciso levar o cliente às próprias respostas e resoluções relacionadas ao alcance do seu objetivo.

Finalizando, reitero que a Psicoterapia de grupos e o *Coaching* de grupos se assemelham em vários aspectos, e o principal é que ambos são uma relação de ajuda, que acolhe o ser humano individualmente ou em grupo e suas dificuldades, promovendo autoconhecimento, autorreflexão, crescimento pessoal e profissional, desenvolvimento, aprendizagens na busca de bem-estar.

O estabelecimento de um vínculo de confiança e de segurança são comuns em ambos os processos e de fundamental importância para a sua eficácia, bem como o engajamento e comprometimento dos participantes para que haja evolução e continuidade.

Na Psicoterapia de grupo, o psicólogo ajuda na ampliação do seu repertório comportamental e emocional, auxilia no enfrentamento das dificuldades e no desenvolvimento de habilidades específicas que possam ser utilizadas na vida como um todo. No processo de *Coaching*, o primordial é ajudar o cliente no estabelecimento de um objetivo bem definido, seja na sua vida pessoal seja na profissional, além de auxiliá-lo na construção de um passo a passo com metas viáveis para o alcance do que deseja.

Uma das principais diferenças entre as duas intervenções é que a demanda trazida na psicoterapia de grupo é analisada dentro de um viés teórico e de um raciocínio clínico embasado por uma abordagem psicológica que serve de base e guia para as intervenções realizadas pelo psicoterapeuta. Já no *Coaching* o "raciocínio clínico" não ocorre e o cliente chega às próprias respostas e resoluções relacionadas ao alcance do seu objetivo planejado com o *coach*.

Ambos os processos interferem na vida humana de forma significativa, portanto, precisam estar respaldados por intervenções que não ofereçam prejuízos para o desenvolvimento humano.

As evidências da psicoterapia individual ou de grupos têm sido comprovadas há várias décadas pelas pesquisas científicas e recentemente corroboradas pelos estudos das Neurociências. Inclusive, o *Coaching* é uma prática recente não só no Brasil como no mundo, que precisa ser validada por produções acadêmicas que demonstrem e corroborem sua eficácia e evidência científica. A prática vem antes da teoria, mas a teoria respalda a prática.

Para atendermos às emergências da contemporaneidade, dos avanços tecnológicos, das novas demandas sociais que surgem a cada dia e às transformações profissionais que ocorrerão no futuro, é importante que não se negue a ciência e que ela possa dialogar com todos os saberes, sendo exercida por profissionais competentes e éticos.

Neste oceano de incertezas proponho olharmos entre, através e além das especialidades para darmos conta da complexidade humana. Desejo que a Psicoterapia e o *Coaching* de Grupos possam cultivar a religação entre os saberes em uma dialógica que busca a complementaridade, mesmo nas divergências e antagonismos.

REFERÊNCIAS

BECHELLI, L.P.C, SANTOS M. O paciente na psicoterapia de grupo. Rev **Latino-am Enfermagem** 2005 janeiro-fevereiro; 13(1):118-25.

BECHELLI, L.P.C, SANTOS M. A. O terapeuta na psicoterapia de grupo. Rev **Latino-am Enfermagem** 2005 março-abril; 13(2):249-54.

BION, W. R. (1952). **Experiências com grupos: os fundamentos da psicoterapia de grupo**. (Tradução de Walderedo Ismael de Oliveira). Rio de Janeiro: Imago; São Paulo, Ed. da Universidade de São Paulo, 1975.

Conselho Federal de Psicologia. CFP.2019. Nota Orientativa sobre Coaching. Disponível em: https://site.cfp.org.br/cfp-publica-nota-orientativa-sobre-coaching. Acesso em: 26 out. 2020.

COSTA, E & LOVISARO, M. UERJ/EDU Formação em Transpsicomotricidade Clínica e Educacional: Psicomotricidade com base complexa, 2000.

COSTA, E. (Org.) **Corpo Transbordante**: relatos da prática transpsicomotora educacional e clínica - Rio de Janeiro: Wak Editora, 2017.

COSTA, E. (Org) **Conexões em Psicomotricidade**: transpsicomotricidade entre, através e além da Educação e da Clínica - 1ª Edição - Cuidad Autónoma de Buenos Aires: Corpora Ediciones, 2019.

Fundacion Universitaria Iberoamericana. FUNIBER.2020. Disponível em: https://www.funiber.org/quienes-somos/que-es-funiber/fundacion-universitaria-iberoamericana-funiber. Acesso em: 26 out. 2020.

International Coaching Federation. ICF Brasil. 2020. Disponível em: https:/www.icfbrasil.org/sobre-a-icf/. Acesso em: 28 set. 2020.

MORIN, E. **Novas Fronteiras da Ciência**. In: Ideias Contemporâneas - Entrevistas do Le Monde - São Paulo: Editora Ática. 1989.

MORIN, E. **Introdução ao pensamento complexo**. Lisboa: Instituto Piaget. 1991.

MORIN, E. **Os sete saberes necessários à educação do futuro** - São Paulo: Cortez Editora. 2000.

MORIN, E. **Introdução ao Pensamento Complexo**, Porto Alegre: Sulina, 2005.

OLIVEIRA-Silva, L. C., WERNECK-Leite, C. D. S. N., CARVALHO, P. S. F., ANJOS, A. C., & BRANDÃO, H. I. M. **Desvendando o Coaching**: uma Revisão sob a Ótica da Psicologia. Psicologia: Ciência e Profissão Abr/Jun. 2018 v. 38 n°2, 363-377.

Ordem dos Psicólogos Portugueses - Coaching - Parecer OPP. Lisboa, 2016.

PALMER, S. & WHYBROW, A. (EDS). **Handbook of Coaching Psychology**. East Sussex: Routdlege,2007.

RHODEN, I. MELLO, R.E.F. Um comparativo teórico entre as psicoterapias breves e as práticas do coaching na contemporaneidade. Rev. **Humanidades**, Fortaleza, v. 28, n. 2, p. 315-334, jul./dez. 2013.

SANTOS, M. A. Cem anos sem solidão: um século de psicoterapia de grupo (1905-2005. Revista da **SPAGESP - Sociedade de Psicoterapias Analíticas Grupais do Estado de São Paulo** Jul.-Dez. 2005, Vol. 6, No. 2, pp. VII-XII.

SOARES, D. **O Eu, o nós e a rede:** uma prática vivencial de coaching de grupos e equipes. 1ª ed. Rio de Janeiro: Qualitymark Editora, 2017.

Sociedade Latino Americana - SLC Coaching - SLC Coaching 2020. Disponível em: https://www.slacoaching.com.br/formacao-coaching-profissional. Acesso em: 26 out.2020.

SULLIVAN, H.S. **The interpersonal theory of psychiatry**. New York, Norton, 1953.

YALOM, I. D. LESZCZ, M. **Psicoterapia de grupo: teoria e prática**. Editora Artmed, Porto Alegre, 2006.

ZIMERMAN, D.E. OSORIO, L.C. **Como trabalhamos com grupos**. Porto Alegre: Artes Médicas, 1997.

A Capacidade de Dizer Não

Por: Elza Baptista

Ao receber o convite especial da amiga e, acima de tudo, excelente profissional Dulce Soares, eu ainda não tinha ideia da aventura que teria pela frente.

Já tinha ouvido falar muito sobre *Coaching* de Grupo, dos desafios, da harmonia e, ao mesmo tempo, dos "conflitos" gerados em algumas sessões, mas ao mesmo tempo do respeito, acolhimento e benefícios.

Tudo começou com um convite informal, mas que logo tornou-se algo realmente profissional, exigente e desafiador.

O Plano Geral e as trocas de ideias foram intensos. O Plano Geral colocou pontos tais como objetivos, desconstrução, temas na roda da vida, recursos (quem e o quê) além dos receios e medos.

A partir desse exercício, o "tom" do desafio já estava selado.

Nesse momento, a dinâmica tomou corpo, com perguntas carinhosas e desafiantes, fotos, questionamentos sobre o quê eu realmente queria desenvolver, regras de ouro, e um processo de construção e reconstrução que levou e tocou o fundo "nas tripas".

Afinal, quais são os objetivos?

Eles necessitavam ser desconstruídos para serem percebidos, e como levá-los para o tema na roda da vida?

Os recursos, que às vezes parecem inexistentes, estão ali, mas passam despercebidos. O mais intenso e bem no fundo do estômago é enfrentar os receios e medos, e de certa forma, assumir que eles existem e que têm um papel definitivo e impactante nesse processo.

Esse *Pre-work* é essencial e um *must*.

Um pequeno "parêntese" a ser incorporado foi a expressão "Arena Grupal".

Essa expressão foi um verdadeiro "gatilho". Interessante perceber que ainda me sentia em um estado de "luto" e que tinha vivido profissionalmente um assédio moral muito grande que levou-me a um "burnout".

Esse fator veio à tona porque aconteceu em uma fase em que estava entrando na minha aposentadoria, e em um momento de "final de carreira" de muito sucesso em todos os lugares onde trabalhei. Quando falo de sucesso, não é somente pessoal, mas acima de tudo, "grupal", porque se hoje tenho um vasto *network*, foi definitivamente graças aos vários amigos que fiz durante minha carreira profissional. Mas afinal, que gatilho foi esse? Exatamente a expressão "Arena". Essa palavra foi usada exatamente por outra pessoa que também estava passando por esse assédio moral e me disse: "Elza, parece que fui lançada na 'arena' como nos tempos dos romanos, para que os leões me comessem".

A partir daí esse processo transformador começou a atuar. Lembro-me, inclusive, de algumas anotações que ainda têm um impacto, e vou citar algumas: "E agora José?" (outro gatilho, porque meu pai chamava-se José); "para onde vamos, o que vamos fazer?". "O que vamos fazer do 'tapete com emboladinhos' (bolinhas) e como fazer com que ele fique lisinho?"

"Afinal, o que está debaixo do tapete? O nosso motor. É a Catapulta da Felicidade", e por aí vai.

Os objetivos são variados, mas achei importante vivenciar o movimento natural do sujeito frente ao novo, de possibilitar que cada participante passe pela experiência da condução de um processo de *coaching* de grupo, de pensar os processos grupais a partir de modelos mentais diferentes e, por fim (ou início), acionar a arte como recurso de intervenção nos processos grupais.

Eu participei de poucas sessões, mas nem por isso deixou de ser intenso. Já na terceira sessão eu tinha ganhado tantos presentes do grupo que já estava com várias atividades alinhadas e acontecendo "como por encanto". O desafio maior é que tinha que dizer ao grupo que "meu tempo tinha acabado" e precisava seguir meu caminho.

No entanto, eu queria dizer isso com tranquilidade e sem a sensação de sofrimento e culpa de "dizer não". Foi nesse exato momento que tudo aconteceu. Com serenidade, eu consegui falar para o grupo que teria que sair porque tinha que seguir meu caminho (como a imagem das formigas). Em outras palavras, consegui dizer que "não" poderia continuar com o grupo, que teria que contar com meus recursos de ser assertiva, ter flexibilidade e adaptabilidade e, acima de tudo, lidar com mudanças.

Dentro desse cenário, queria sentir que ia sair sem melindrar ninguém, sair em paz, relaxar e ter tranquilidade para seguir adiante.

Foi esse grupo maravilhoso que contou com uma malabarista mestra, que é capaz de sustentar vários pratinhos de uma vez só (Dulce) e com o para-raio e colocador da rede de salvação (Ermil), somados aos participantes respeitosos e amorosos que me permitiram sair em paz e sentir-me amada e acolhida mesmo dizendo "não", mas que soou como um "sim". Ainda recebi um presente - participar, com todos, da última sessão.

Querem saber da "cereja no topo do bolo"? Até hoje estamos em contato e "trocando fichinhas", mas de forma madura, com resiliência e, acima de tudo, carinho, afeto e respeito. Encantador.

Uma última palavra: Obrigada ao Grupo Resilientes Assumidos!

Obrigada aos *Coaches* e Acompanhantes.

Resiliência, Foco e o Processo de *Coaching* de Grupo

Fernando Cattelan Cordeiro

Março de 2020: pandemia da Covid-19. De uma vida agitada, cheia de viagens, palestras e reuniões presenciais, subitamente sou obrigado a ficar em casa, confinado. Uma mistura de emoções e sentimentos me dominam naquele momento: tristeza, impotência, raiva, falta de foco, medo... Na última semana do mês, recebo de uma amiga, que é *coach*, um convite para um evento *online* "Resiliência em tempos de isolamento social. Como lidar com as emoções?". Há algum tempo, essa amiga havia falado comigo a respeito dos benefícios do processo de *coaching* e eu, apesar da desconfiança, estava tentando entender o que era e quais benefícios poderiam trazer para mim e para as pessoas que estão ao meu redor.

Aquele evento fez muito sentido para mim e, ao final, sentia-me leve. Todos estavam enclausurados em suas casas, as informações estavam desencontradas e resiliência, naquele período, era um imperativo. Logo, veio outro convite: participar de um processo de *coaching*. Escolhi o tema foco, necessário para eu seguir adiante com minhas atividades.

Na primeira sessão, estava apreensivo e inquieto. Imaginava o processo de *coaching* baseado em fato, meta e resultado, algo bem racional, enquadrado em algum manual qualquer. Eu, que sempre devo sentir para decidir, achei que não me encaixaria naquele grupo. Porém, imaginei que deveria me adequar, porque quiçá aquilo seria algo bom para o meu bem-estar naquele momento. Fui concentrado em "foco", "vida financeira", "*networking*", "medo", mas algo bem do campo racional.

A sessão começou a se desenrolar, as regras de ouro foram sendo expostas. O grupo pedia que todos ficássemos até o final, não julgamento, sinceridade, sigilo, respeitar os medos e receios e o acolhimento. Sob o guarda-chuva da resiliência, íamos trabalhando o foco, a capacidade de se reinventar, a assertividade na comunicação, o planejamento financeiro, a autoconfiança, o foco, tudo aquilo que me tocava profundamente naquele momento. Quando me dei conta, estava sentindo e conectando-me com as percepções dos meus colegas: todos ali entregues, expondo suas experiências e fragilidades. Era nítida a humanidade de todos eles. Além disso, a maestria e a presença da *coach* que nos conduzia a esse processo me levou a um lugar que, de repente, fez com que eu sentisse um alívio... Sim, o processo de *coaching* era para mim!

Notava que, a cada encontro, eu ouvia as experiências em torno da resiliência. Quando a *coach* perguntava: "grupo, o que vocês querem levar hoje da sessão?" ou "quem pega a palavra?", eu sabia que algo na consciência grupal se ampliaria. As colocações eram muito profundas, o "eu" me entrelaçava ao "nós", o "eu" se espelhava no "nós" e construía algo novo, como se ao final de cada sessão um portal se abrisse para que pudéssemos, juntos e individualmente, ir para um movimento de mais realização.

Os desafios ao longo do período também apareceram: um "eu" se retirou porque, devido ao próprio processo, escolheu tomar novos rumos que a impediam de estar no horário proposto, porém sempre esteve presente, entre "nós"; a participação dos observadores das sessões, que apesar de algumas divergências, apresentavam, ao final, um aprendizado: a potência da negociação e o diálogo, mantendo a harmonia e a coesão grupal.

Os recursos utilizados para a ampliação do olhar de cada um, as músicas, as cartas do "Points of You" e as imagens cada vez mais me afetavam. Viajamos pela letra de Maria Bethania, em "Brincar de Viver", que nos elucidou a importância da "arte de sorrir cada vez que o mundo diz não", pela voz de João Pedro Pais e Mafalda Veiga, a "Paciência", e de Biafra, em "Sonho de Ícaro". Em mim, durante muitos dias, ressoava um quase mantra: "[...] o que sai de mim vem do prazer, de querer sentir o que eu não posso ter, o que faz de mim ser o que sou é gostar de ir por onde ninguém for [...]". A carta da múmia de "Points of You" me mostrou o quanto é importante dizer o "sim" para as minhas vontades e "não" para as demandas dos outros, que me desviam do meu percurso. É a resiliência, a paciência e a liberdade, esta última um valor tão precioso para mim!

Cada colega trouxe uma contribuição para mim e, novamente, todos mostravam que éramos cada vez mais "nós": as fotos dos pais, mostrando a importância de tomarmos a força daqueles que vieram antes, e que somos quem somos graças a eles; o espelho com luz, para que possa focar em mim mesmo; a imagem da autoconfiança representada pela foto do "Rei Leão"; os dardos, para ser assertivo; a agenda *planner*, para a necessidade de se planejar.

O recurso utilizado com o livro infantil *O menino que gritou pra dentro* me levou para um lugar muito interno: a vontade que tinha de expressar aquilo que sentia ao longo da vida e não o fazia, a quantidade de "não" que disse para mim, dizendo "sim" para os outros. Foi uma surpresa, para mim, que um livro infantil pudesse me levar a um lugar de reflexão, operando um movimento interno profundo.

Ao longo do processo, tomei o que cada "eu" pode contribuir, construído por meio do "nós", e que me impulsionou a seguir o meu caminho. Levar o "nós" dentro do "eu", afetando e sendo afetado, de maneira sustentável, sendo possível graças à maestria e presença dos *coaches*, que facilitaram todo o processo com muito amor e profissionalismo. Muitas vezes, essa condução era tão leve, quase poética, e como eram potentes aquelas manhãs de quarta-feira!

As mudanças começam ao longo das sessões e vão evoluindo ao seu tempo, com a certeza de que a aprendizagem será levada para a minha vida. Isso se tornou tão verdadeiro para mim que, ao longo desses dez encontros, decidi mergulhar no universo do *coaching*, por ver o resultado e a potência desse trabalho diante dos meus olhos e na minha vida.

As Duas Faces: O eu coach e o eu Cliente e o Impacto do Processo Grupal

Daniella Soncine

Essa jornada se inicia em um momento atípico, numa das fases mais difíceis da atualidade, e que jamais poderíamos imaginar vivenciar. Uma fase marcada pela reclusão e afastamento social, pelo medo, pela instabilidade emocional e financeira e por muitas dúvidas quanto ao futuro, que se mostrava cada vez mais incerto.

O desespero tomou conta de toda uma população mundial em face a uma pandemia provocada por uma doença de alto contágio, potencializado ainda mais pela imprensa e pelas mídias sociais.

Lá estávamos nós, no dia 30 de março de 2020, pouco mais de dez dias do início da reclusão, participando de um *webinar* promovido pela nossa querida Dulce Soares sobre **"Resiliência em Tempos de Isolamento Social: Como lidar com as emoções?"**. Talvez alguns tenham ido em busca de um acalento, de um conforto, de experiências reconfortantes que pudessem, de alguma forma, acalmar os nossos corações. Eu não me recordo o que chamou a minha atenção, com certeza um misto de tudo isso, mas também lembro que queria muito estar presente em um evento promovido pela Dulce, a quem vou também chamar de mestre, e foi assim que me inscrevi.

O encontro foi tão especial que tocou não só a nós que estávamos participando como convidados, mas também a nossa querida mestre que ofereceu, na sequência, um convite para um novo encontro, e depois mais outro, e depois mais outros para serem vividos dentro de um processo Grupal. O convite se estendeu também às colegas de *mentoring*, que já haviam feito a formação com a Dulce no Programa de Imersão de *Coaching* de Grupos e Equipes, e tiveram a oportunidade de ampliar ainda mais o aprendizado assistindo ao vivo a vivência de um processo grupal. O grupo estava formado e era composto pelos nossos dois queridos *Coaches*, Dulce e Ermil, por sete Clientes - eu me encaixo nesse grupo -, e por quatro colegas do *mentoring*.

Penso que nada é por acaso, e esse encontro de almas de várias partes do mundo tinha que acontecer. Com certeza, pelo menos pra mim, um encontro especial de vários EUs em função de um NÓS.

Como *Coach*, percebi a oportunidade que brilhava à minha frente, a oportunidade de vivenciar um processo sob duas perspectivas, sob dois olhares, o do *Coach* e o do Cliente.

Agarrei esse presente na minha vida e decidi aproveitar ao máximo cada segundo dessa vivência, dessa conexão, dessa troca de sinergias e transformação.

> "Você faz suas escolhas e suas escolhas fazem você!"
>
> (William Shakespeare)

Estava debutando nesse mundo, pois nunca havia participado de um processo grupal. Não tinha a menor ideia da força e do poder da contribuição de cada indivíduo em função do todo e do todo em função de cada um.

Cheguei com a ideia de desenvolver uma competência, queria ser mais "assertiva na minha comunicação", e saí do processo trabalhando não só a minha competência, mas também as habilidades trazidas pelos meus colegas de arena, com quem convivi em encontros semanais ao longo de três meses.

Trabalhei também o foco profissional, a resiliência para ter disciplina, a autoconfiança, a organização, a habilidade de lidar com pessoas difíceis e o reinventar-me diante de novos desafios.

Ao longo dos encontros, percebi também o quanto estava desenvolvendo o foco múltiplo nas duas faces do processo, na visão do *Coach* e do Cliente.

Como Cliente, vivenciei com afinco as atividades, procurei participar ativamente, dar contribuições e até ser referência, em alguns momentos, para os meus colegas. Percebi o poder da imagem que passamos e como somos vistos, percebi o impacto que causamos e como somos responsáveis por transformações, o quanto podemos fazer a diferença com um olhar, uma palavra amiga e pelo simples fato de acolher sem julgamento, sem preconceitos, sem pré-concepções em relação ao que o outro fala e expressa. Ah, criamos as "regras de ouro" para esse grupo, o que iríamos tolerar ou não e qual era o nosso desejo de partilha. Isso fez toda a diferença, pois conseguimos promover um ambiente confortável, acolhedor e seguro para todos.

Percebi, como *Coach*, o poder do processo, observei atentamente a condução dos nossos passos durante as sessões, com tamanha maestria, como um movimento de "dança" embalado por ritmos afinados e cadenciados.

Entendi, em certo momento, que a maior riqueza do processo grupal é que o andamento das sessões é definido pelos Clientes e não pelo *Coach*. A "dança" acontece conforme o ritmo dos indivíduos que estão participando do processo, portanto, nunca sabíamos, ao certo, o que iria acontecer a cada encontro.

Sob a minha ótica, como *Coach*, percebia que havia uma pauta e algumas atividades predefinidas, no entanto, o caminho era trilhado de acordo com as necessidades que iam surgindo.

Nos encontros temos sempre um emergente, aquela pessoa que acaba partilhando alguma coisa e mobilizando todo o grupo para uma direção inesperada. Sim, uma direção inesperada, e por isso descobri que as técnicas usadas em uma sessão de *Coaching* de Grupos são pensadas previamente, mas que nem sempre o que os *Coaches* pensam em usar se encaixa na dinâmica da sessão. Por isso, é preciso pensar em vários recursos, estar com tudo preparado para usar o que já fora imaginado previamente ou outro recurso, dependendo do rumo que a sessão tomar.

Percebi que tudo precisava ser profundamente estudado pelos *Coaches*, que analisavam a dinâmica do grupo conforme as sessões aconteciam.

As técnicas aplicadas iam desde dinâmicas mais objetivas até atividades mais lúdicas, tudo perfeitamente encaixado no ritmo do grupo. Os recursos usados faziam sentido, e muito embora o ritmo das sessões fosse definido pelos participantes do processo, nunca saímos do objetivo maior, assim como nunca perdíamos o foco, pois os *Coaches* conduziam o processo dentro do contexto proposto, em uma direção certeira e com muito profissionalismo.

Ao final de cada encontro tínhamos a partilha das colegas do *mentoring* trazendo suas percepções sobre a sessão e contribuindo sob a ótica do *Coach* e técnicas do processo. Poder escutar cada fala e cada contribuição só enriquecia ainda mais os nossos encontros e eu aproveitava esses momentos para entender e analisar a dinâmica do que havia experimentado na arena, tentando trazer o meu olhar, também, para uma visão mais sistêmica por meio dessas partilhas finais.

A cada encontro experimentávamos um turbilhão de reflexões e *insights* que perduravam ao longo da semana, até o nosso próximo encontro.

Notei a força do grupo no EU de cada um quando descobrimos que não estamos sozinhos nas nossas necessidades, dificuldades, dúvidas e receios. A força é ressaltada ainda mais nos momentos de partilhas que acontecem sempre sem julgamentos, sem críticas ou censuras. Poder expressar as nossas vulnerabilidades só fortalece ainda mais quem somos, como somos vistos e, principalmente, como nos vemos. "A compreensão de outrem somente progredirá com a partilha de alegrias e sofrimentos." (Albert Einstein)

Tudo isso só foi possível porque, no início, foi proporcionada a todos uma "rede" perfeita para o funcionamento desse grupo, uma rede de segurança bem tecida e forte, que sustentou a todos ao longo de todo o processo. Levei comigo esse ensinamento como um ponto extremamente relevante em qualquer tipo de vivência, pois se os participantes do processo não sentirem segurança e acolhimento, o processo estará fadado a ficar no âmbito das "águas rasas", sem aprofundamento e, consequentemente, o desenvolvimento não será o mesmo.

Usamos, ao longo dos nossos encontros, várias frases que expressavam os sentimentos e sensações do nosso grupo e, para mim, a que mais fez sentido em nossa arena foi: "vou me lançar do trapézio", pois tínhamos a certeza de que se caíssemos, uma "rede" iria nos segurar. Não tínhamos medo nem receio de nos jogar e nos atirar para o alto, sabíamos que era possível dar um passo além, abrir uma porta desconhecida, nos aventurarmos por lugares nos quais ainda não andamos e ir em direção a novos conhecimentos e a novas oportunidades.

Era notável, em alguns momentos, para mim, formada em Psicologia, como navegávamos entre a linha do *Coaching* e da Psicoterapia. As reflexões e *insights* trazem à tona memórias muitas vezes guardadas no inconsciente e subconsciente e se apresentam em linhas tênues. Ao menor deslize do profissional que está conduzindo o processo, podemos entrar em um campo que não diz respeito ao processo de *Coaching,* e vi sob a minha ótica, como *Coach*, o quão tênue é essa linha e o tamanho da nossa responsabilidade quando escolhemos atuar nessa área.

Foram notáveis os momentos em que a nossa querida mestre nos levava para o campo da consciência, focando no objetivo do trabalho de desenvolvimento do *Coaching*. Esse foi mais um aprendizado incrível que pude absorver e experimentar.

A cada encontro eu estava mais sedenta por conhecimento, percebia uma ampliação de consciência de mim mesma e do outro, queria aprender mais, queria olhar a atuação dos nossos *Coaches*, queria engolir, avidamente, tudo o que estava tendo a oportunidade de aprender.

Sinto que o meu olhar era como o de uma criança, que está pronta para absorver o conhecimento e se abrir para o novo.

Pude perceber-me muito mais focada, praticando a minha comunicação, enxergando as necessidades desse grupo e querendo fazer a diferença, querendo fazer parte e caminhar lado a lado com os meus companheiros.

> "A viagem não começa quando se percorrem distâncias, mas quando se atravessam as nossas fronteiras interiores."
>
> (Mia Couto)

Fomos batizados carinhosamente de "Resilientes Assumidos". Sim, somos resilientes, com certeza. Estávamos na contramão da grande maioria das pessoas, usando essa oportunidade para o nosso desenvolvimento mesmo diante de um momento com tantas provações. Escolhemos aprender em vez de estagnar, escolhemos apoio mútuo em vez da solidão, escolhemos a partilha, a conexão, a troca, o aprendizado e o crescimento emocional.

As pontas foram se conectando a cada encontro, como pontas soltas que se entrelaçam de uma forma enigmática. Penso no poder dessa conexão entre nós. Somos tão diferentes uns dos outros - nas idades, nos interesses, na profissão, no local em que vivemos, na forma de pensar e agir. No entanto, como em um passe de mágica, essas pessoas foram unidas por um tema central: "a resiliência" diante de um momento tão difícil.

A certo ponto do processo, dissemos que naquele momento sentíamos que esse grupo era "uma catapulta de emoções". Foi a tradução perfeita do que pensávamos e sentíamos.

As transformações ocorreram, vimos muitos de nós evoluírem, vimos um carinho crescer e brotar em nossos corações, criamos elos e consideração mútua. Torcíamos pela felicidade e conquistas uns dos outros.

Foram momentos mágicos que ficarão guardados em nossas memórias e que, com certeza, significaram muito pra todos nós.

Entendi como o encontro de um EU em função de um NÓS e de um NÓS em função de um EU pode magnetizar e promover o desenvolvimento com tamanha relevância e fazer a diferença na vida de tantas pessoas, inclusive na minha. Com certeza sou uma pessoa diferente depois dessa vivência. Sinto que cresci muito, tanto individualmente quanto profissionalmente.

Agradeço a cada um dos meus colegas de arena pela partilha mútua, pela entrega e por terem se jogado na rede comigo. Agradeço às colegas de *mentoring*, que fizeram a diferença nesse processo pela riqueza das observações e percepções ao final de cada encontro. Agradeço ao querido Ermil, que conduziu, ao lado da Dulce, o nosso processo, pela sua sensibilidade, poesia, carisma, profissionalismo e apoio. Por fim, agradeço a nossa querida mestre Dulce, "costureira de almas", que conduziu esse processo com tamanha maestria e se tornou uma referência, para mim, como profissional, pela sua dedicação, entrega, profissionalismo, experiência, ética e dignidade.

> "Quanto mais nos conhecemos, mais nos tornamos quem precisamos para atrair o que desejamos."
>
> (Daniella Soncine Ciampi)

A Viagem do EU com o NÓS: Os Caminhos do Processo

Por: Fabiana Pimenta

Como começar a andar por caminhos novos e desconhecidos? Quando percorrer novas estradas de incertezas? O que muda em você após uma viagem? Tantas perguntas, pensamentos e ideias nos vêm à cabeça no início da caminhada de um processo, mas como diz Mário Quintana no poema "*Das utopias*":

> *"Se as coisas são inatingíveis... ora!*
> *Não é motivo para não querê-las...*
> *Que tristes os caminhos, se não fora*
> *A presença distante das estrelas!"*
> (Mario Quintana)

Tudo começa com um convite para participar, com os meus parceiros de trabalho, de um *webinar* promovido pela Dulce Soares, no início da pandemia. Faríamos uma vivência corporal psicomotora com música, poesia e movimento via plataforma digital, até então realizada, por nós, apenas presencialmente. Uma proposta ousada e diferente. Mas, por que não? Confesso que fui cativada pelo olhar além e através da Dulce Soares, que me convidava a perceber lugares ainda não vistos pelos meus olhos.

Embarquei nesta viagem sem saber por onde andaria. A certeza era de que não estaria sozinha!

Nos momentos anteriores ao primeiro encontro do *coaching* de grupo, eu me percebia ansiosa, nervosa e curiosa com o que estava por vir. Esse grupo se formou em um momento delicado, quando todos estávamos em isolamento, em meio à pandemia da Covid-19, que ainda assola o mundo.

Tivemos a oportunidade de nos encontrar com pessoas de diversos estados brasileiros, assim como de outros países, por meio das janelas da plataforma digital que faríamos uso. Confesso que era algo distante das minhas vivências até então. Esses momentos eram de respiro, de alívio e de ter algum contato, mesmo a distância.

Partimos para a viagem, com o roteiro ainda desconhecido, preenchidos da sensação do coletivo. Mas, como? O *nós* já estava no *eu* desde antes do grupo ter início, ouso dizer que era isso que eu procurava, sentir-me parte de um coletivo de confiança.

Nossa bagagem era o *Mind Map*. Percebemos que os objetivos de cada integrante estavam sob o tema guarda-chuva, a "resiliência". Na verdade, nossos propósitos a serem trabalhados se interligavam. Ainda não sabíamos, mas aquele mapa nos ligava através dos caminhos de cada um.

Nossos encontros aconteciam às quartas-feiras, pela manhã, e foram de abril a julho. Havia toda uma preparação interna e individual para que cada um estivesse presente nos encontros. Quando, por algum motivo, algum integrante não pudesse estar presente, ele mesmo nos avisava, com antecedência. O grupo se mostrava respeitoso, agregador, consistente e consciente do trabalho que estava sendo feito. Era nítido o quanto todos se encontravam imbuídos no processo.

Algumas dinâmicas realizadas pela Dulce, utilizando distintas ferramentas, como imagens, contação de histórias, músicas, objetos afetivos dos participantes e reportagens eram recursos disparadores para nós, participantes, fazermos conexões, ligações e pensamentos a respeito dos nossos objetivos que, em dado momento, não eram apenas aqueles pelos quais chegamos no início do processo, mas, sim, todo o *Mad Map*.

O *Eu* começou o processo com um objetivo, mas o *NÓS* percorreu com oito. Eram eles: resiliência, foco, cultivar a presença, assertividade na comunicação, habilidades para lidar com pessoas difíceis, reinventar-me na aposentadoria, organização da vida financeira e a autoconfiança.

Cada encontro era único, mas quando havia recursos visuais e auditivos, estes me faziam ter experiências diferenciadas. Tocavam-me profundamente. Eu percebia sensações em meu corpo por meio das imagens e dos sons, e notava que o mesmo acontecia com o grupo.

A incerteza de cada experiência era instigante, e sempre surpreendente. Dulce sempre nos presenteava com novidades. Sua percepção das necessidades do grupo era vista, nitidamente, em seus recursos disparadores, dando continuidade aos temas a serem trabalhados pelo coletivo, como quando nos trouxe a história do livro *A parte que falta*, de Shel Silverstein.

Vimos a ilustração exata sobre o tema elencado pelo grupo naquele encontro. Mas como Dulce sabia? Faz todo o sentido! Aquela história trazia um pouco das experiências trilhadas por cada um de nós na longa estrada da vida, e por que não dizer, que estávamos percorrendo juntos no *coaching* grupal.

Percebia que uma fala complementava e emergia na verbalização dos outros. A condução adequada e acertada da Dulce, frente a estes e outros momentos de profundas eclosões e percepções do processo de cada participante, de fato se apresentava como facilitador para que mais descobertas e explorações surgissem.

Nessa condução, com Dulce Soares estavam o Ermil e a Dulce Martins. O Ermil, em determinado encontro com o grupo, trouxe a canção "Paciência", do Lenine. Tal música nos foi posta já no início do encontro, e nos perguntava: "Como lidar com o tempo?"

"Será que é o tempo que lhe falta pra perceber?" O tempo cronológico, o tempo do corpo, o tempo da ação, do desejo, o tempo do outro, o seu próprio tempo, o tempo de ser e o tempo da vida. E como um elemento importante, o tempo, surge nesse grande grupo? O que lhe falta para perceber e fazer as coisas acontecerem? Você nota quando as oportunidades surgem ou está acelerado para se dar conta? E diante de tantos pensamentos, percebia esse grupo pensando, olhando para si e para o todo.

Observava que muitas questões iniciadas nos encontros necessitavam de tempo para fazer sentido - não era algo imediato e resolutivo naquelas duas horas e meias de trabalho efetivo. A tarefa precisava de continuidade, de elucidação interna e de tempo. De fato, era o processo de cada integrante percorrendo o caminho que aquele grupo precisava andejar.

Nesta vivência, viagem, caminhada de *coaching grupal* que experienciei, não terminei como comecei. Penso que tal experimentação é um processo que se inicia nos encontros e continua nas nossas ações e em como usamos, na vida, tudo o que aprendemos.

A viagem é solitária? Nunca foi! Penso que em toda caminhada o *NÓS* está presente. Seja na troca, na experiência adquirida com o outro ou nas bagagens experienciadas nas caminhadas, levamos o coletivo conosco, mesmo sem perceber. Como aconselha Almir Guineto em seu poema musical, "é que em cada experiência/Se aprende uma lição [...]", e assim sigo os caminhos do processo!

Espelho, espelho meu....

Por Ana Galo

"O comportamento é um espelho em que cada um vê a sua própria imagem."
JOHANN GOETHE

Pandemia!

Por muito tempo ainda vamos ouvir falar sobre ela e o quanto foi marcante na vida das pessoas. Minha história como *coaching* de grupo começa justamente no meio da pandemia. E foram essenciais os momentos de pausa proporcionados pelos encontros semanais que tivemos durante dez semanas, e no meio da pandemia.

Já conhecia a Dulce Soares e todas as referências positivas sobre seu trabalho, e ela muito generosamente conduziu um *webinar* sobre o trabalho do *coaching* de grupo, que ela desenvolve. Ao final do encontro, uma surpresa: o presente para participar de um processo de *coaching* de grupo. Várias dúvidas surgiram: o que é arena? Quanto tempo vai durar? Qual vai ser meu papel? Quem são as outras pessoas que vão participar? E se eu não puder participar até o final (o presente não pode ser um castigo)?

E tudo foi sendo respondido e organizado de forma harmônica.

O *coaching* de grupo pressupõe entender o fenômeno com a lógica do outro. É uma modalidade para trabalhar o processo grupal; é o indivíduo no grupo e toda a riqueza possível gerada pelas trocas e *insigths* provocados.

Quando todos os convidados aceitaram entrar na arena, foram definidas as regras de ouro:

- Respeitar os estilos individuais;

- Respeitar os medos, sem julgamentos;
- Acolher, sem julgamento;
- Ouvir até o final, sem julgamento;
- Sentir empatia e dizer SIM à realidade de cada um;
- Manter-se no momento;
- Manter sigilo do que foi tratado, para garantir a confiabilidade.

É possível perceber a força desse contrato! E o quanto fica gostoso saber que não seremos julgados.

Torna se tudo mais leve!

E como saber do sucesso ao final do processo?

Qual o nosso maior desafio no momento?

Como queremos que o grupo interaja conosco?

Quais os *feedbacks* que queremos ouvir?

Perguntas poderosas logo ao iniciar o processo. Cada um se expressa como chega e como quer sair, e logo percebemos que a resiliência é algo que conectou todos os participantes. Cada grupo terá sua identidade e sua unidade definidas a partir da singularidade dos participantes.

Fazer a pré-tarefa, ou *pre work*, ajudou a organizar as ideias, expressá-las de forma clara e identificar o objetivo a ser trabalhado durante o processo. Começar a desenhar a grande teia que vai se formando entre os participantes. Construir o mapa mental do grupo, com imagens escolhidas por cada um representando seu objetivo.

A cada encontro, um encontro de EUS. O pensamento de um, a ideia do outro, que tocava delicadamente, e às vezes, até esbarrava no que eu estava pensando. O grande objetivo não é cuidar de cada um individualmente no grupo, mas como o entrelaçamento de todos impacta o próprio eu.

Aceitar a vulnerabilidade é condição essencial para estar na arena. Não mostramos nossas fragilidades para todos; só o fazemos para quem amamos e confiamos. E como amar pessoas que mal conhecemos? Vamos construindo a confiança, que nos une e dá sentido.

Conexão, harmonia, cuidado e diversão. Cada encontro com um toque especial. Uma música, um vídeo, uma poesia, uma história: todos disparando *insigths*, nos levando a processar nossas ideias e a encontrar as conexões necessárias para os resultados esperados.

Começamos enchendo pequenos baldes individuais com o que levávamos de cada encontro. No meio do caminho, os baldes viraram um único caldeirão, cheio de tudo que cada um trazia. E tornaram-se tachos, para serem mais leves, de forma a levar a grande contribuição de todos juntos.

A resiliência tornou-se flexível e indicou a necessidade de adaptabilidade para se reinventar e lidar com situações novas. E dessa forma foram definidos passos a serem dados em direção ao grande objetivo. E na pressão, mesmo sem querer, as ações surgem, porque o grupo está ali para apoiar, sem julgamento.

Ouvir as demandas individuais sem aprofundar-se nas questões de cada um. O processo do *coaching* de grupo é terapêutico, mas não é terapia, pois não trabalha com o inconsciente. Ele pode surgir, mas não é tomado como foco do trabalho. O grande olhar está sob o grupo, e na força que ele tem sobre cada um dos participantes. Poder ouvir sobre a força do outro na manutenção da caminhada fortalece quem está junto, mesmo que em um caminho diferente.

Planos de ação desenhados, passo a passo. Força do grupo para continuar, com paciência, e sem parar. Coragem para se olhar no espelho e perceber que, às vezes, o grande causador do problema que desejamos resolver somos nós mesmos. Emoções vividas no grupo nos fortalecendo e nos impulsionando para a ação. E para mim, talvez o momento de maior impacto: "será que não sou eu a pessoa difícil de lidar?" E o impacto maior foi o fato de eu mesma ter feito essa pergunta para mim.

Qual o impacto que o grupo tem no meu EU? E qual o impacto que o meu EU tem no grupo? Como EU estou presente em cada um? Uma rodada de *feedbacks*, troca de impressões, sempre focando no positivo, não importando quem disse, mas o que foi dito. Exercício poderoso, mostrando o melhor olhar sobre o outro. E como retorno, o melhor olhar do outro sobre nós mesmos. Tomada de consciência do poder e da força que temos.

Caminhando para o encerramento dos encontros, há a necessidade de olhar para fora do grupo a fim de promover o encontro do mundo interno com a realidade externa. Atividades e exercícios buscando sempre encher nosso "baldinho", que agora é um grande caldeirão, dividido em tachos.

E na despedida, mais uma surpresa: o convite para fazer parte do livro!

Identificados como "Resilientes Assumidos", fazer parte deste projeto rico e desafiador só poderia encerrar com mais um desafio, igualmente rico e desafiador.

Cada um sai e segue seu caminho, levando os aprendizados que teve no grupo, dando tempo e espaço para acomodar tudo que foi vivido, e mantendo sempre o espelho voltado para dentro.

As Meninas dos Bastidores

Lucia Santarém – Ivana Hilgert – Nídia Brito e Gisele Moreira

Um Storming Especial...

Antes de passar a palavra escrita às meninas dos bastidores, vale a pena recordar que este momento de inclusão destas *coaches* de grupos e equipes foi um dos mais valiosos deste processo grupal, para ambos os lados: para as pessoas que entraram na arena comigo, os Resilientes Assumidos, e para as próprias *mentees*, também chamadas carinhosamente por mim como "As Meninas dos Bastidores".

Sabe quando a vida dá a você uma chance de ***batalhar*** por aquilo que sente que vale a pena? Não? Sim?

Então leitor, se você não sabe, saberá agora... As Meninas dos Bastidores estavam ávidas em ver um processo de *coaching* de grupo completo, tipo oficial, de dez a doze sessões. Sabe quando aprendemos um idioma novo e ficamos felizes ao ouvir uma conversa, por exemplo, de dois gringos em um restaurante e entendemos tudinho?

A analogia passeia por aí mesmo...

O objetivo delas era justamente verificar se conseguiriam entender o rumo do processo, como estruturá-lo, como se instalariam as regras de ouro, como seria a cadência de um grupo tão heterogêneo, formado por homens e mulheres com profissões e culturas tão diferentes. O alvo das Meninas dos Bastidores não era fuçar a vida alheia, mas sim verificar como funcionava, na prática, o que aprenderam na teoria, dentro do Programa de Imersão que fizeram comigo, em uma ação real propriamente dita.

O *storming* no grupo sucedeu-se a partir desse pedido feito pelas Meninas dos Bastidores.

Tivemos três colegas que se posicionaram no grupo criado no WhatsApp, dois contras e um a favor - o restante do grupo estava aguardando os "mortais argumentos" dos três que "saltavam" do trapézio. Ali houve, temporariamente, uma boa tempestade, um bom conflito, que tem como objetivo nos fazer olhar para as nossas diferenças e semelhanças. O *storming* tem como função estabelecer o lugar da diferenciação, de criar o processo de discussão, de debate, de reflexão, de processo e produto, ou seja, a oportunidade de experienciar uma decisão ponderada e vivenciada por todos.

Até que intervi, sinalizando que seria interessante ouvirmos os argumentos das Meninas dos Bastidores e, juntos, avaliarmos se lhes seria permitido participar. Nossa... Os depoimentos delas foram tão genuínos, legítimos e verdadeiros que todos os participantes da arena ficaram "num tamanho só", todos com a "roupa" da humanidade, assistiram a um Outro Eu agir no lugar do Tu, e vivenciaram a renúncia do próprio Eu em nome do Nós. Aliás, isso foi algo lindo de testemunhar... Foi, para mim, um dos momentos mais incríveis do desenvolvimento humano presenciados em toda minha carreira profissional, que já conta com mais de 30 anos.

Fernando, nosso advogado e defensor dos direitos de um Eu, lembrou ao grupo que todos os participantes tinham ganhado o processo de *coaching* de grupo, então porque não estimular a "doação", permitindo que participassem do processo as meninas que desejavam tanto estar apenas como ouvintes e observadoras? Aqui, todo o grupo se humanizou. Foi um momento enorme de diferenciação - o confronto do Nós *vs* Elas.

Com vocês, as Meninas dos Bastidores... Inicio abrindo com Lúcia Santarém, com quem tive o privilégio de reviver todo o processo grupal, do lugar das *mentees*, por meio de uma boa conversa que tomou um formato de entrevista.

Acessem a entrevista no canal do YouTube de Dulce Soares:
http://www.youtube.com/watch?v=yBKPhe_T-54

A Construção de um Coach de Grupo Vivenciado em uma Arena Real

Por Ivana Hilgert

Uma experiência de escuta como *mentee* a partir da Competência de *Coaching* da ICF Comunicação Eficaz: Escuta ativa e Evoca Conscientização*.

"O pensamento é uma nuvem, da qual a fala se desprende em gotas"
(LEV VYGOTSKY)

O passo idoso (sabedoria) constrói o tacho idôneo.

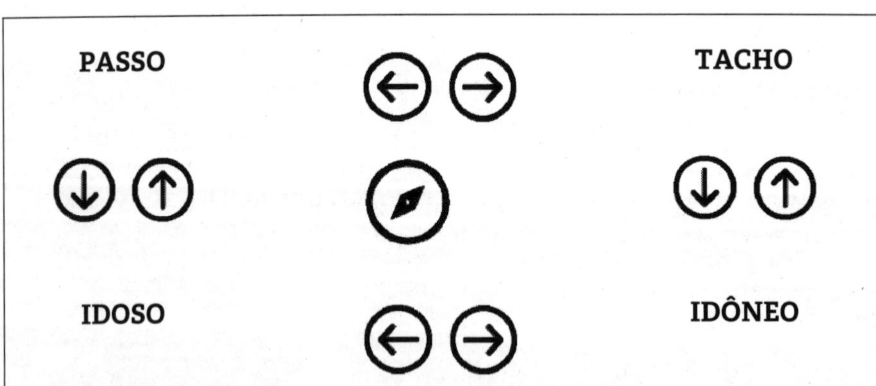

A minha fala inicia-se através da desconstrução do aforismo que acabamos de ver.

Este aforismo** foi colhido na nona sessão do processo de *Coaching* de Grupo – Resilientes Assumidos –, na etapa do *performing*****, quando o grupo falou tacho e o *Coach* entendeu passo; o grupo falou idôneo e o *coach* entendeu idoso.

Como *mentee*, faço aqui um entendimento deste aforismo na minha construção como *Coach* de Grupo.

Alinhando conceitos:

Uma das primeiras habilidades que devemos desenvolver, como *Coaches*, é a comunicação eficaz por meio da escuta ativa e da conscientização.

A escuta ativa nos proporciona não somente intervir no momento para ampliar a consciência do grupo, como também o objeto da escuta serve como alimento para as sessões subsequentes. E ainda como um conjunto de saberes para o autodesenvolvimento do *Coach* por meio estudo da transferência*** e da contratransferência.****

Escuta ativa significa a habilidade de entendermos as expressões verbais e não verbais, sentimentos, cultura, espaço, simbologias - do cliente - que nos permitem fazer perguntas para gerar a ampliação da consciência com o objetivo de trazer clareza para o próprio cliente, além de permitir que ele mesmo possa desenvolver suas abstrações e buscar ações para atingir seus objetivos.

Uma das formas de ampliarmos a nossa escuta e evocar a conscientização se dá por meio da desconstrução das palavras, pois muitas vezes elas se apresentam "grávidas", isto é, cada palavra pode ter um monte de "filhotes" - significados e expressões dentro de uma mesma palavra. Geralmente utiliza-se uma pergunta que ajuda no processo de desconstrução: "o que a pessoa faz que você chama de X?", ou "o que você quer me falar com o que está dizendo, pode me dar um exemplo?" Também podemos utilizar as metáforas, músicas e outras formas de expressão.

O objetivo é ampliar a consciência para que o cliente construa uma nova realidade que lhe permita fazer as mudanças e construções necessárias, de forma que ela atinja as competências desejadas, e para que ele possa ser uma pessoa melhor no ambiente em que está inserido.

A partir deste entendimento e da minha escuta, utilizei estas duas competências para desenvolver uma correlação do que o grupo trouxe com a minha vivência enquanto *mentee.*

Do eu para o nós.

Do nós para o eu.

Ampliando a escuta e a consciência enquanto *mentee.*

A simbologia da fala - linguagem

"Somos feitos de palavras, nascemos no mundo do simbolismo..." Fernando

Todas as sociedades humanas têm símbolos que expressam mitos, crenças, fatos, situações ou ideias. Tais símbolos, sendo umas das formas de representação da realidade, podem ser gestuais, verbais, escritos, representados por desenhos, cores, músicas, diagramas, aforismos etc. A fala, que aqui estarei tratando como linguagem, é a forma como transmitimos o nosso eu e a nossa cultura.

Utilizamos os símbolos para comunicar e compartilhar informações, assim como para expressa a nossa identidade. O que o indivíduo pensa, interpreta e expressa é o que ele apreende a partir do seu entorno, mas é pela fala, também, que interagimos e transformamos o mundo.

A linguagem é um meio social de traduzir as dinâmicas de uma equipe e dar significado àquilo que está acontecendo. Da mesma forma, a palavra "linguagem" também pode ser usada para descrever o conjunto de regras que torna isso possível, ou, ainda, como o conjunto de enunciados que pode produzir essas regras durante o processo de *coaching* de grupos.

A vivência da mentoria em uma arena real (espaço onde o processo de *coaching* de grupos acontece) nos demonstra a importância do alinhamento, sempre - o que é importante para você, o que isso significa para você, o que você leva disso. Para esse processo, podemos utilizar as metáforas, estímulos das realidades individuais que, quando cruzados com os objetivos pessoais e grupais, tornam-se material para o desenvolvimento das habilidades tanto do *Coach* como dos Clientes - assim como dos *mentees*.

Do eu para o nós.

Do nós para o eu.

Na perspectiva da mentoria

Descontruindo o Aforismo.

Nas palavras de Eliane Brum: "[...] como cada um cria sentido para os dias [...] como cada um se arranca do silêncio para virar narrativa. Como cada um habita-se".

Fiz um percurso de dentro, a partir das lembranças, "que não são fatos, mas as verdades que constituem aquele que lembra [...] recordações são fragmentos de tempo. Com elas, costuramos um corpo de palavras que nos permite sustentar uma vida".

Passo

"É o ato de deslocar o corpo de um pé a outro pé enquanto anda, aquilo que uma pessoa faz enquanto anda, ele pode ser rápido ou lento, curto ou longo, compassado ou descompassado, leve ou pesado. É algo que me leva daqui para ali, de um estado para o outro. É a dança que se estabelece entre o *Coach* Sênior e o seu assistente, e entre eles e o grupo."

O tempo do planejamento e das intervenções no processo de *coaching* de grupo baseados na escuta e na experiência do *Coaches*.

É o descobrir da necessidade de apoio e de supervisão.

É o incrementar a escuta e o autoconhecimento para saber o que é meu e o que é do outro.

Idoso

"No sentido positivo, refere-se à idade de cada um, aquele que tem muitos anos de vida; velho, antigo, vivido, vivenciado, sentido. O que tem maturidade, sabedoria, estado, condição (de estrutura, forma, função ou organismo) num estágio adulto; condição de plenitude em arte, saber; habilidade que foi adquirida ao longo do tempo."

Capacidade que temos de analisar os dados oriundos da nossa escuta coexistindo com a nossa história, dos fatos e das nossas emoções - vividos, percebidos - e como lidamos com eles para a construção da nossa capacidade de intervir nas situações apresentadas pelo grupo e como elas impactam na nossa construção enquanto *Coaches*.

Construir

"Criar (algo), juntando materiais variados que criam forma(s) a partir de uma necessidade, seguindo determinado projeto, objetivo: fabricar, produzir algo, resultado."

Construção de cada sessão e as "cartas" que deixamos disponíveis para serem utilizadas a partir da nossa escuta em prol de ajudar na colheita do processo grupal.

Resultado baseados nas expectativas dos Clientes, e não do *Coach*.

Tacho

"Recipiente de ferro, cobre etc., com asas ou cabo, de uso para fins culinários; vasilha grande, de cobre ou ferro, usada para cozimento e transformação do caldo de cana em açúcar, antiga medida portuguesa de 25 litros. Recipiente utilizado para cozinhar e misturar alimentos, ervas, poções."

É a mente, que recebe e mistura todos os "alimentos" do nosso eu (atual e ancestral) e o que é do outro, e que nos propicia desenvolver a competência da escuta e a possibilidade de evocar a consciência no grupo, fazendo as perguntas que geram ampliação de consciência e a criação da confiança, fundamentais para a construção do processo grupal.

Idôneo

"O que é adequado, próprio, que convém perfeitamente mediante uma convenção social, cultural; aquele que é apto, capaz, competente, o que tem qualidades para desempenhar determinada atividade ou ocupar certo cargo ou de quem se pode supor honestidade."

É a conjugação do pensamento, do sentimento, que levam a uma intervenção alinhada ao espaço de tempo, cultura, ética, e as competências do *Coach* no trabalho em que está inserido, com as necessidades dos clientes e do grupo.

É o tempo de amadurecimento do *Coach* enquanto profissional que promove mudanças utilizando a ética e as competências. Sempre lembrando que Coaching de Grupo não é terapia, não é facilitação, não é mentoria e nem consultoria.

A construção de um *Coach* de Grupos perpassa por muito aprendizado, pois exige um grande alcance pessoal.

Nesse aforismo colhido na fala do *Coach* e dos Clientes, revelaram-se os primeiros passos para desenvolvermos a excelência pessoal e profissional como *coaches* em processos de *Coaching* de Grupo:

1. **Autoconhecimento** para lidar com a transferência e contratransferência, que são inerentes ao processo. Faz-se necessária a supervisão para ampliar a consciência pessoal e terapia para entender os seus processos de transferência e contratransferência.
2. **Escuta** aguçada para entender todos os modelos mentais interagindo e trazer as perguntas que ampliem a visão.
3. **Planejamento do processo** a partir das necessidades do grupo, e não do *Coach*.
4. **Maturidade** para pedir ajuda, trazer um parceiro para o trabalho - *coach* auxiliar - e aceitar o que sabemos e o que não sabemos; desenvolver o conhecimento a partir do que emerge do grupo, e não do que sabemos.

5. **Vivência**, vivência, vivência, prática, prática, prática, necessárias à mentoria para ampliar a consciência técnica.
6. Manter a **educação contínua,** tanto técnica quanto pessoal.
7. Mente aberta, coração aberto, vontade aberta para entender que o processo é do grupo, e não do *Coach*.
8. Saber diferenciar facilitação, treinamento, consultoria, terapia de grupo e mentoria.
9. **A idoneidade de um *Coach* de Grupo e/ou Equipes** se constrói ao longo do tempo, seguindo as competências comportamentais e o código de ética do ICF e do cliente.

> *"[...] só alcançamos o extraordinário do que somos ao sermos capazes de alcançar o extraordinário que é o outro."*
>
> Eliane Brum

O *coaching* de grupos é assim, em qualquer papel - *Coach*, Cliente *Mentee*:

Do eu para o nós...

Do nós para o eu, é só se permitir experimentar.

Apêndice:
*As novas competências de Coach**

HTTPS://WWW.ICFBRASIL.ORG/ICF/COMPETENCIAS-A-PARTIR-DE-2021

AInternational Coaching Federation, após uma análise rigorosa de 24 meses de prática de *coaching*, apresenta o novo modelo atualizado de Competências Essenciais de *Coaching* da ICF que serão as norteadoras dos processos de *Coaching* a partir de 2021

O modelo de competência é baseado em evidências coletadas de mais de 1.300 *coaches* em todo o mundo, representando uma gama diversificada de *coaching*, formação, estilos e níveis de experiência e credenciamento, tanto de membros quanto de não membros da ICF. Essa iniciativa de pesquisa em larga escala confirmou que grande parte do Modelo de Competências Essenciais da ICF, desenvolvido há quase 25 anos, permanece fundamentalmente importante para a prática de *coaching*, hoje. Alguns novos elementos e temas que emergiram dos dados também foram integrados ao modelo. Isso inclui a

---

NT: Na tradução, a designação "o cliente" não pressupõe gênero.

ênfase primordial no comportamento ético e na confidencialidade, a importância da mentalidade de *coaching*, a prática reflexiva contínua, a importante distinção entre os vários níveis do acordo de *coaching*, a relevância crucial da parceria entre *coach* e cliente* e a importância da conscientização cultural, sistêmica e contextual. Esses componentes fundamentais, combinados com temas emergentes, refletem os elementos fundamentais da prática de *coaching*, hoje, e servirão como padrões de *coaching* mais fortes e abrangentes para o futuro.

Dessas competências, destaco:

Comunicação eficaz: 6. Escuta ativa –

Definição: Concentra-se no que o cliente está e não está dizendo, para que seja possível entender plenamente o que é comunicado, de acordo com o contexto e sistemas do cliente, e para apoiar a autoexpressão dele.

1. Considera contexto, identidade, ambiente, experiências, valores e crenças do cliente para aprimorar a compreensão do que ele está comunicando.
2. Reflete, parafraseia ou resume o que o cliente comunicou para assegurar clareza e compreensão.
3. Reconhece e indaga quando houver mais por trás do que o cliente está comunicando.
4. Nota, reconhece e explora as emoções, mudanças de energia, pistas não verbais ou outros comportamentos do cliente.
5. Entende o significado do que está sendo comunicado, integrando palavras, tom de voz e linguagem corporal do cliente.
6. Observa tendências nos comportamentos e emoções do cliente ao longo das sessões para discernir temas e padrões.
7. **Evoca Conscientização**

Definição – Facilita descobertas e aprendizados do cliente usando ferramentas e técnicas como questionamento poderoso, silêncio, metáfora e analogia.

1. Considera a experiência do cliente para decisão de ferramentas e técnicas que podem ser mais úteis.
2. Desafia o cliente como uma maneira de provocar conscientização ou descobertas.
3. Faz perguntas sobre o cliente, sobre sua maneira de pensar, valores, necessidades, anseios e crenças.
4. Faz perguntas que ajudam o cliente a explorar além do pensamento atual.

5. Convida o cliente a compartilhar mais sobre sua experiência no momento.
6. Percebe e compartilha o que está funcionando para aprimorar o progresso do cliente.
7. Ajusta a abordagem de *coaching* em resposta às necessidades do cliente.
8. Ajuda o cliente a identificar fatores que influenciam os padrões atuais e futuros de comportamento, pensamento ou emoção.
9. Convida o cliente a gerar ideias sobre como pode avançar e o que está disposto ou é capaz de fazer.
10. Apoia o cliente na reformulação dos pontos de vista dele.
11. Sem apego, compartilha observações, ideias e sentimentos que têm o potencial de criar novos aprendizados para o cliente.

** Aforismo - Máxima ou sentença que, em poucas palavras, explicita regra ou princípio de alcance moral; apotegma, ditado, texto curto e sucinto, fundamento de um estilo fragmentário e assistemático na escrita filosófica, relacionado a uma reflexão de natureza prática ou moral.

***Transferência - Os sentimentos que uma pessoa experimenta sobre seu *coach* são o que chamamos de "transferência". É aqui que a pessoa transfere atitudes que desenvolveu para pessoas influentes ao longo das suas primeiras experiências de vida para seu *Coach,* sem estar conscientemente do motivo pelo qual está respondendo dessa forma. Um cliente pode formar uma transferência positiva ou negativa baseada no relacionamento que teve.

****Contratransferência é um termo usado para descrever os sentimentos inconscientes que um *coach* pode experimentar em relação ao seu cliente em resposta à forma como um cliente é em relação a ele. Da mesma forma, isso pode ser uma contratransferência positiva ou negativa.

****O modelo de cinco estágios de desenvolvimento de grupos, de Tuckman, assume que os grupos têm, de forma geral, **comportamentos padronizados** que passam por cinco etapas: formação, tormenta, normalização, desempenho e interrupção. A definição desses estágios foi fruto de uma extensa revisão de literatura de Bruce Wayne Tuckman. O autor analisou diversos artigos científicos da época que tratavam da formação de grupos e sintetizou as conclusões de cada autor analisado em cinco fases gerais dentro do processo de formação de um grupo.

1. **Formação - *Forming* -** É o estágio inicial, quando os membros estão começando a interagir. Caracteriza-se por uma grande dose de **incerteza** sobre os propósitos do grupo, sua estrutura e liderança. Os membros estão "reconhecendo o terreno" para descobrir quais

comportamentos são aceitáveis. É nesse momento que os membros começam a pensar em si mesmos como parte do grupo.

2. **Tormenta/Atrito/*Storming*** - Caracterizado pela ocorrência de diversos conflitos no grupo. Os indivíduos já reconhecem a existência do grupo, mas demonstram resistência em relação aos limites da individualidade. Há conflito, também, quanto à definição de quem irá liderar o grupo. É durante a tormenta que os membros medem forças, estabelecendo uma espécie de hierarquia das relações dentro do grupo. Encerrada essa etapa, a hierarquia estará relativamente clara para os membros do grupo.
3. **Normatização/Normação/*Norming*** - Começa a haver **coesão** no comportamento do grupo, tornando os integrantes mais próximos uns dos outros. Surge um sentido de identidade, e os membros começam a agir como uma unidade coordenada. Ao final desse estágio, a estrutura do grupo se torna mais sólida e assimila-se um conjunto de expectativas que definem qual deve ser o comportamento mais adequado para o grupo.
4. **Desempenho - *Performing*** - É o estágio no qual a estrutura do grupo é **funcional e aceita**. Ocorre após o estabelecimento da hierarquia - estágio da tormenta - e das normas - normatização. Nessa fase, o grupo está coeso e sua energia é analisada com base nas tarefas a serem realizadas. Nos **grupos permanentes** de trabalho, esse pode ser considerado o último estágio de formação, sendo que a etapa do desempenho continuará ocorrendo de forma contínua. Em grupos temporários, haverá, ainda, a etapa de interrupção.
5. **Interrupção - *Adjourning/Transfering*** - É o estágio final do desenvolvimento dos **grupos temporários,** pois prepara o grupo para seu **fim**. Como as atividades deverão ser concluídas e o grupo dissolvido, o foco deixa de ser o desempenho nas tarefas e passa para o encerramento dos trabalhos. Nessa etapa, podem surgir sentimentos conflitantes dentro do grupo. Enquanto alguns membros sentem-se mais contentes com o desempenho obtido, outros ficam abatidos com o encerramento e com o fim da amizade nascida a partir do convívio.

Bibliografia:

1. BRUM, Eliane. **Meus Desacontecimentos**: a história da minha vida com as palavras. São Paulo: Leya, 2014

2. CHIAVENATO, I. **Comportamento Organizacional**: a dinâmica de sucesso das organizações. 2. ed. Rio de Janeiro: Elsevier, 2005.
3. ROBBINS, S. P. **Comportamento Organizacional**. São Paulo: Pearson Prentice Hall, 2005.
4. SOARES. D. **O Eu, o Nós e a Rede**: uma Praxis Vivencial de Coaching de Grupos e Equipes. Rio de Janeiro: Qualitymark, 2017.
5. SOUZA, Vera Lucia Trevisan & ANDRADA, Paula Costa de - Contribuições de Vygotsky para a compreensão do psiquismo. Estudos de psicologia, Campinas, v. 30, n.3, jul./set., 2013.
6. **MICHAELIS** moderno **dicionário** da língua portuguesa. São Paulo: Melhoramentos. Disponível em: http://michaelis.uol.com.br/.

Brincar de Viver

Por Nídia Costa

Eu também estava presente à chamada feita para aquele webinário – "Resiliência em tempos de isolamento social", dia 30 de março de 2020. A proposta era refletirmos sobre essa necessidade urgente, e como desenvolver a resiliência.

Nessa altura, ainda tentava digerir o medo paralisante da Covid-19, as súbitas alterações profissionais, relacionais, a incerteza e insegurança que se haviam instalado, sem que se soubesse por quanto tempo.

Precisávamos descobrir novos caminhos, pensamentos, reflexões e, sobretudo, voltar a sentir alguma segurança. E se fizéssemos isso juntos, seria melhor, intuía eu. Precisávamos nos abrir à mudança, ao novo, e em 30 de março de 2020 não era nada claro em quê que isso se traduziria.

O desconhecimento científico sobre o tratamento dos doentes afetados pelo vírus, o fácil contágio, a rápida disseminação, o confinamento e seus efeitos diretos e indiretos nas várias áreas da vida gerou um dos momentos de maior sensacionalismo, contribuindo para expandir o medo e a incerteza já instalados.

Assim, este convite para a descoberta do como: como trabalhar, como se relacionar, como se manter são física e psicologicamente, como continuar a ir para a vida aconteceu no momento certo. No dia 30 ali estava eu, com outros "eus" abertos a escutar e refletir, conjuntamente, como ser mais resiliente. As linhas da conexão e união daquelas pessoas tinham sido lançadas e começavam a ser tecidas.

Generosamente, recebemos outro convite, de forma a dar continuidade às reflexões iniciadas nesse primeiro encontro. Concordamos e, assim, nos encontramos no dia 30 de março de 2020, dando início a uma viagem de processo de *coaching* de grupo sob o mote da competência "guarda-chuva" Resiliência.

O grupo inicial foi dividido em papéis distintos: uns ficariam como clientes e outros, *mentees*; uns vivendo, outros observando e aprendendo, na prática, o *Coaching* de grupo. Era um grupo luso-brasileiro conectado on-line.

Foi uma grande aprendizagem! Estou muito agradecida à *Coach* MCC Dulce Soares por essa oportunidade e ao grupo, que me permitiu viver, desde outro lugar, essa experiência.

Como Ser, como mulher, como mãe, como *coach* de grupos foi um privilégio ter vivido essa experiência transformadora a cada encontro com todos. Da mesma forma, acredito que transformou todos os que estavam presentes. Foi um privilégio ter observado os professores Dulce Soares e Ermil Diaconescu desempenhando, magistralmente, o seu papel de *Coaches* de grupo e equipes com os clientes na arena.

Observava, auscultava e perguntava-me o que mais poderia ter contribuído para tamanha adesão, entrega, profundidade, generosidade de cada um dos clientes, entre eles e com os *Coaches*, todos costurando com os fios da confiança, da segurança previamente construídos e que resultou no terreno firme para os voos que se deram sessão após sessão. Uns puxavam pelos outros. Olhavam-se. Sorriam uns para os outros. Emocionavam-se. Descobriam, com todos, os próximos passos em direção ao objetivo traçado de cada um. Todos colaboravam e encontravam, no outro, parte do seu eu. Quanto ao que era diferente, acolhiam para o mais na sua própria vida.

Claro que essa conexão foi resultado de um conjunto de fatores. Desde o início, deu-se a partir da experiência, sensibilidade e conexão dos *Coaches* entre si e com o grupo, além do exercício proficiente das competências de *coaching*, a sensibilidade, o acolhimento, a inclusão que se respirava, o não julgamento, a escuta ativa, a curiosidade, o ambiente de confiança e segurança construído, a qualidade do estado de presença praticado nas várias sessões. O amor e a arte do *coaching* praticada por esses profissionais, por ressonância, também abriu esse caminho aos vários elementos do grupo.

Das várias possibilidades, decidi focar, neste artigo, em duas das competências essenciais de *coaching* do modelo atualizado do ICF- International Coaching Federation. Cultivar a Confiança e Segurança e a Presença, as competências quatro e cinco, respetivamente.

Só um espaço seguro e de confiança permitiria que o grupo, sessão após sessão, ficasse cada vez mais conectado, confiante e fosse, progressivamente, arriscando mais e mais em novos passos e novas ações, dando e recebendo apoio.

Esse grupo vivenciou a sua própria competência chapéu -resiliência- ao longo de todo o processo. Desde cedo, permitiu adaptar-se à vicissitude de perder um dos seus membros no fim da terceira sessão. No entanto, permanecia o vínculo construído, mesmo sem a presença física, também nutrida pelo grupo no WhatsApp. Todos ficaram tocados pela comunicação de saída feita por esse membro, em *mixed feelings* e, ao mesmo tempo, inspirados por já ter conseguido atingir o seu objetivo.

"O que mais passa no mundo interno do grupo?"

Muito bem, quem pega a palavra? "

Pergunta a *Coach* Dulce.

Diz uma das Clientes: "Poxa vida, meteu o negócio no papel e já pipocou, né? A presença dela conosco já foi cultivada". Risada geral.

Diz outro participante: "Queria dizer que estes momentos têm sido muito bons para mim. Já estou com baixa de ansiedade. Só o fato de ter conhecido cada um de vocês... a minha vida já mudou".

Outra: "[...] você vai permanecer, mesmo não estando".

Coach: "O que gostariam de trabalhar na sessão de hoje que gere valor, a partir disso que vocês acabaram de ouvir?"

"Fale mais dessa adaptabilidade, uma pessoa que tem adaptabilidade faz o quê?"

"Qual o maior desafio para você, nessa situação?"

Como se sente neste momento quando fala da situação com a amiga? Após a resposta da cliente: "que relação existe entre essa situação e a tranquilidade que quer sentir?"

A resposta não era evidente, pediu reflexão.

Já no final dessa sessão, cada um dos Clientes foi desafiado a escolher uma carta do *Punctum*, da marca *Points of You*. "O que significa, para você, esta imagem?"

Sentia-se a relação de parceria com o grupo e com cada um dos seus elementos ainda antes de começarem a falar, pela sua comunicação não verbal, muitas vezes, evidenciada pelo uso espontâneo da mesma posição corporal por todos, e pela atenção conjunta dos participantes, sob o olhar atento dos *Coaches* Dulce e Ermil.

São lembrados os objetivos individuais dos Clientes...

Coach: "Eu estou percebendo aqui que o grupo está trabalhando com base em valores. Hoje já ressaltaram os valores da verdade, liberdade, amizade, integridade, respeito, sinceridade".

Cliente: "Não deixar de ser autêntico, não deixar de ser quem você é... a propósito das redes sociais..."

Coach: "Sabe aquela música que marcou a sua vida e que representa você por inteiro? A primeira que vem à sua cabeça. Qual é? Quem pega a palavra?"

Cliente: A minha é *Brincar de ser feliz,* da Maria Bethânia. É um exemplo de resiliência.

"Você verá que é mesmo assim,
Que a história não tem fim,
Continua sempre que você
Responde sim à sua imaginação
A arte de sorrir
Cada vez que o mundo diz não."

Outro Cliente: "A minha também. Como diz a letra:
"E eu desejo amar todos
Que eu cruzar pelo meu caminho."

Coach: "Até as pessoas difíceis?"

Cliente: "Até essas." Saber lidar com pessoas difíceis era o objetivo desse cliente.

Coach: "Muito bem, o convite para a semana que vem é encontrarem um segundo passo. E vamos articular: objetivo do processo, valor de cada um, carta do *Punctum*, a música agora escolhida por cada um".

À medida que o tempo passava, era cada vez mais evidente o respeito e a confiança no grupo, entre os seus "eus". E isso podia ser observado a partir das suas partilhas mais profundas e pelo acolhimento que lhes era disponibilizado por quem escutava, reformulava e perguntava em jeito de dança latina, suave e ritmada. O convite era para dançar ao som e em uma arena onde se buscava a consciencialização do próprio e do outro, onde os hábitos, comportamentos, crenças, conceitos a serem descobertos foram desconstruídos, explorados, questionados, aprofundados. A serviço do bem-estar de cada um. Respirava-se atenção, compreensão, cuidado, respeito, confiança, inclusão.

"O que aconteceu, da semana passada para esta, que fez com que vocês se flagrassem usando as competências que trabalham aqui?"

Cliente: Contou que conseguiu lidar com uma pessoa difícil e com outra não conseguiu. Disse que a música ajudou muito. Disse que iria olhar e destacar o melhor das pessoas como passo seguinte.

Outro: "As ações, quando praticadas, trazem-me força. O meu passo seguinte é dar continuidade ao que estou fazendo aqui. Daqui pra frente vou me expor ainda mais na internet e fortalecer hábitos de leitura e escrita".

Coach: "Bom, fizeram uma pequena introdução, e já vimos que um processo grupal não vive só de amores. Há questões que estão debaixo do tapete. Agora, a gente precisa sacudir, ver o que está lá e tirar o que não servir".

Os "Eus" do grupo partilhavam que cada vez viam mais de si e do que precisavam, captavam quais os passos a tomar, as semelhanças entre si e como as diferenças eram mais na aparência do que na sua essência. Partilhavam como viam a conexão entre todos os objetivos.

Cliente: "Hoje fortaleceu-se, para mim, a questão do grupo. Tudo o que foi dito por cada um me trouxe pensamentos novos ou me fez olhar por um ângulo novo. No final das contas, a decisão é minha, mas isso de estar em um grupo, ter vivências em grupo faz com que você consiga ampliar o seu pensamento por meio das vivências dos outros".

Outro Cliente: "Quando paro e presto atenção no que sinto, isso me traz resultados. Estou apaixonada por estar aqui e neste momento".

Coach Dulce: "Então é um bom momento para pausar? Na semana seguinte, preciso que cada um venha com um objeto - pode ser algo físico, um desenho, poesia, música, algo que tenha consonância com o seu objetivo".

Na semana seguinte, os clientes apresentam seus objetos com relação aos seus objetivos.

Desde logo, a partilha iniciou-se com uma Cliente: "Pensei bastante e sonhei com o que queria trazer - um espelho. Lidar com as pessoas difíceis... comecei a questionar-me se a pessoa difícil sou eu".

Voltou a música da Maria Bethânia:

"E eu desejo amar todos
Que eu cruzar pelo meu caminho."

Continua...

"Agradecer por tudo o que existe em mim. Talvez deva reconhecer em mim o que funciona, e não olhar somente para o que não funciona". Embalado por essa partilha, outro Cliente avança: "O que trouxe esta manhã é uma fotografia que vou mostrar para vocês. Mas antes, queria dizer que sou um homem que vem de uma família de mulheres muito fortes. Trouxe a foto de casamento dos meus pais, de muitos anos atrás. Tenho imagens da minha mãe, mas queria mostrar os meus pais.

Esta semana, o meu irmão fez aniversário, e temos pensado muito sobre a nossa vida, o que temos feito, como tem sido difícil e a vontade para continuar. Apesar dos nossos pais terem se separado, recebemos a força deles.

Meu pai deixa a seguinte lição: vocês têm toda a força para continuar.

Então (visivelmente emocionado), estes são os meus pais: ajudaram muitas pessoas, acolheram primos abandonados, envolveram-se em ações sociais, ajudaram pessoas estranhas e nos deram muita força.

Os meus pais já faleceram, mas estão vivos em mim por meio de tudo o que me ensinaram."

Coach: "Muito obrigada! Conhecemos hoje a gênese da resiliência!" - era a competência a ser desenvolvida por esse cliente.

Instaurou-se um silêncio, como se a partilha precisasse de espaço e de tempo para se acomodar, acolher, incluir.

Esse testemunho emocionou todos na arena, estavam todos comovidos. Eu também. Foi genuíno, profundo e íntimo. Aproximou-nos a todos, essa foi a minha percepção. Os *Coaches* permaneciam atentos, pacificados, acolhendo com um sorriso de quem pega no colo, de quem está disponível, e souberam lidar com esse momento emocionalmente forte. Curiosamente, a cliente que falou em seguida, ainda emocionada, começou por beber um copo de água para conseguir falar e dizer que tinha vivido uma história muito parecida.

"Estou muito focado hoje", diz outro Cliente, que curiosamente está trabalhando a competência foco. Continua: "À noite, encostei a cabeça no travesseiro e me veio uma música: como somos um grupo luso-brasileiro, escolhi a versão portuguesa da canção *Paciência* - cantada por Mafalda Veiga e João Pedro Pais.

Ouviu-se a música inteira:

> "Mesmo quando tudo pede um pouco mais de calma
> Até quando o corpo pede um pouco mais de alma
> A vida não para
> Enquanto o tempo acelera e pede pressa
> Eu recuso faço hora ponho a valsa
> A vida é tão rara
> Enquanto todo o mundo espera a cura do mal
> E a loucura finje que isso tudo é normal
> Eu finjo ter paciência
> O mundo vai girando cada vez mais veloz
> A gente espera do mundo e o mundo espera de nós
> Um pouco mais de paciência [...]"

Coach: "Grupo, o que estamos trabalhando hoje?" E continuou mais uma sessão de partilha em direção ao objetivo de cada um e de todos. Estar como *mentee* nessa vivência, me fez acreditar ainda mais na força de transformação do grupo, no processo de *coaching* de grupo, aliás, como expresso pelos próprios Clientes, sobretudo na segunda metade do processo.

Alguns deles nunca tinham tido contato com o *coaching*. Outros, eram *coaches* profissionais. Por outro lado, foi muito pedagógico poder assistir à equipe de *Coaches*, que fazia parecer fácil esse **equilíbrio entre o um e o todo,** ver, escutar, comunicar, reconhecer, perguntar a cada um e a todos, com uma fluidez e simplicidade que parecia não haver qualquer técnica ou processo a sustentar essa dança.

Em todo o processo, assistiu-se a um respeito pelos valores, crenças, vivências de todos. Diria que não só da parte dos *Coaches*, mas também da parte do próprio grupo. Já a uma certa altura, os clientes partilhavam, conscientemente, as forças que viam em cada um e o que levavam dessas forças para a sua própria vida. O grupo foi ganhando uma identidade própria e cada um dos "Eus" foi ganhando autoempoderamento, autoconfiança e autonomia ao mesmo tempo. A comunicação articulada dos profissionais com cada um e ao mesmo tempo com o grupo, a escuta expandida, a postura atenta, o tom de voz adequado para cada situação, o apoio às emoções que foram surgindo, os recursos disparadores usados, como a música, o livro do *Menino que gritou para dentro*, os objetos, tudo foi construindo o ambiente e a rede segura para que cada um se permitisse abrir ao novo e lançar-se em direção ao seu objetivo. "A força do grupo" poderia ser, também, um bom título.

Resilientes Assumidos

Por: Gisele Moreira

Mentoria

Para mim, tudo começou quando fiz minha inscrição no Programa de Imersão: A Arte do Processo Grupal, uma imersão em *Coaching* de Grupos e Equipes, dirigida pela UseCoach, cujo curso é certificado CCE pela ICF. Nessa formação consegui firmar meu vínculo com a Dulce, conheci excelentes colegas *coaches* assim como excelentes facilitadores. Foi a partir dessa integração de conhecimentos compartilhados que consegui finalizar minha formação.

No ano seguinte à minha formação, a Dulce lançou um webinário sobre **Resiliência** em plena pandemia, lidando também com as fraquezas de uma *coach* que se via de mãos atadas, em casa, durante a pandemia: EU não pensei duas vezes: fiz minha inscrição e participei desse brilhante dia comandado por Dulce Soares, e aí sim foi o início de toda a Mentoria Prática dos **Resilientes Assumidos**.

Durante as dez sessões de mentoria, participei como observadora, com mais três colegas *coaches*: Ivana, Lúcia e Nídia, que também fizeram a formação em *Coaching* de Grupos e Equipes em turmas anteriores. Posso dizer, com a mais pura certeza, que as sessões foram impactantes tanto para os clientes como para nós, *mentes*. Aprendi, na prática, o que é o *coaching* de grupo, assim como aprendi a ser um ser humano mais HUMANO. Mas o que eu quero deixar neste livro é a partilha do conhecimento que extraí das sessões e que levarei para toda a minha bagagem profissional como *COACH*.

Uma das brilhantes características que percebi, durante as sessões, foram as aplicabilidades de todas as oito competências da ICF de forma sutil, leve, comprometida com o sucesso do grupo e de forma despretensiosa.

Vou colocar aqui o que mais me chamou a atenção nas conversas dos *coaches* mentores com o grupo **Resilientes Assumidos**. As perguntas foram cirurgicamente adequadas, porque conseguiram extrair falas surpreendentes e significativas dos participantes (clientes), fazendo com que "dançassem um tango argentino" - repleto de desafios, passos firmes e passos ensaiados. Obtiveram *insighs* do EU e do SER de forma profunda, e que refletia exclusivamente no OUTRO.

Prepare-se para sentir a sutiliza e a dança em cada polígono transcrito das sessões com muito cuidado e carinho para você, colega *coach*.

Competência 1
DEMONSTRA A PRÁTICA ÉTICA

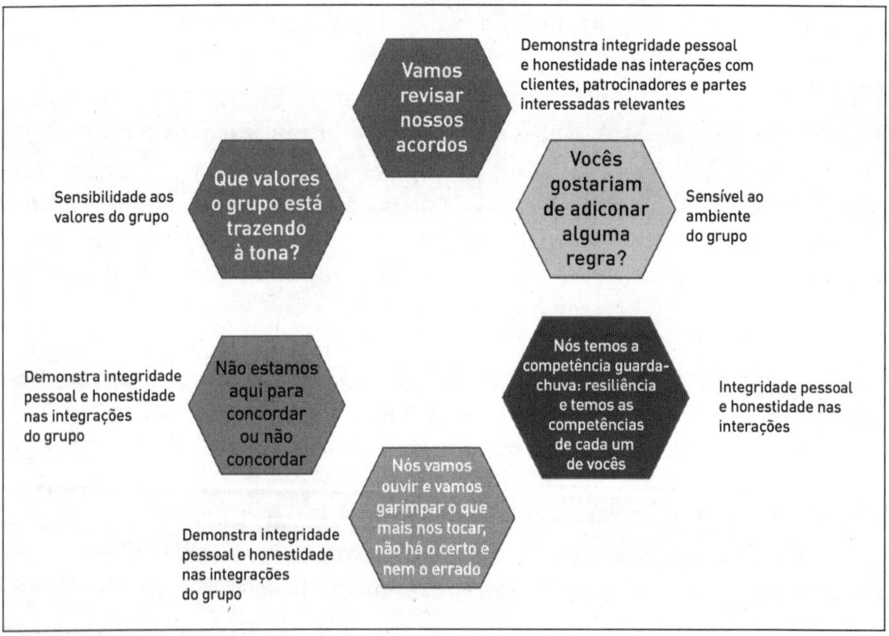

Competência 2
INCORPORA A MENTALIDADE DE COACHING

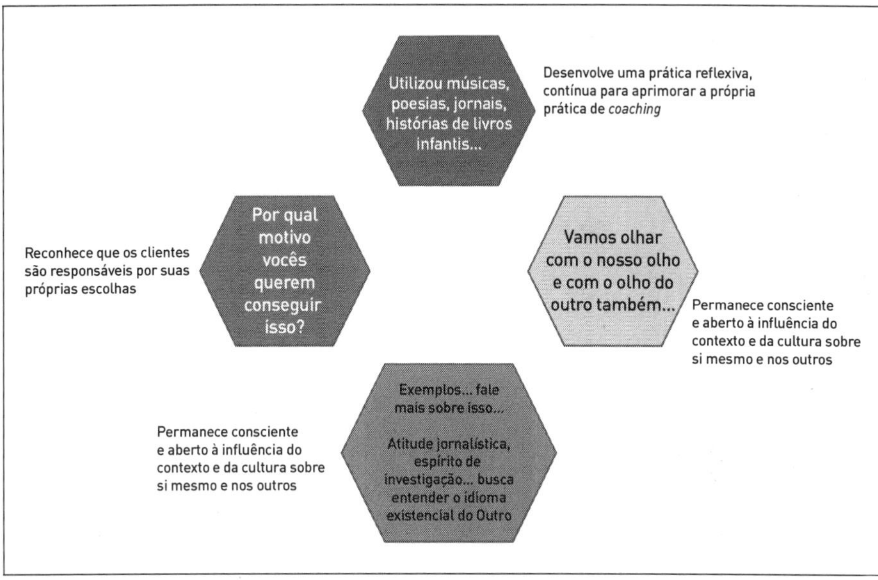

Competência 3
ESTABELECE E MANTÉM ACORDOS

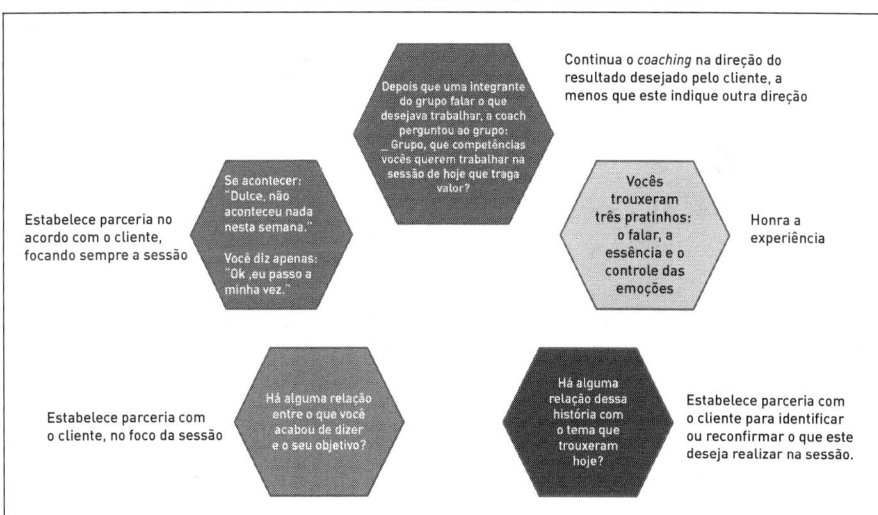

Competência 4
CULTIVA CONFIANÇA E SEGURANÇA

Silêncio é conexão da consciência, não é perda de tempo.

Demonstra abertura e transparência como uma maneira de mostrar vulnerabilidade e estabelecer confiança com o cliente.

Belíssima relação que você estabeleceu a partir do jogo de dardos: ir direto ao ponto, falar o que precisa ser falado sem maquiagem", e sem ser atropelador.

Reconhece e apoia a expressão de sentimentos e percepções do cliente.

Peço, ao grupo, também, que guarde isso que a nossa colega está falando para colocar na caixa do HD.

Reconhece e respeita os talentos e as percepções, dando apoio.

O que mais se passa no mundo interno do grupo?

Que pensamentos, sentimentos...

Reconhece e apoia a expressão de sentimentos, as percepções do cliente.

Vamos apenas ouvir e garimpar o que serve para mim.

Deixa que as coisas aconteçam de forma natural.

E qual é a importância disso para você?

Procura entender o cliente em seu contexto, o que pode incluir sua identidade, ambiente, experiências, valores e crenças.

Competência 5
MANTÉM PRESENÇA

"Eu percebi, nessa fala, uma vontade de querer ficar, sem saber como, e os compromissos estão surgindo. Faz sentido isso pra você? Por onde você gostaria de começar a explorar?"

Fica a à vontade para trabalhar no espaço do não saber. Ponderação?

"Conta pra mim e para o grupo como foi, nos bastidores, a conversa com a própria Lia."

Demonstra curiosidade durante o processo de *coaching*.

"E como é que você vai saber que.."

Fica a vontade no espaço do não saber.

"No domingo, de zero a dez o quanto você estava sem força?"

Demonstra curiosidade durante o processo de *coaching*.

"Como alguém pode apreciar com mais calma e ponderação?"

Demonstra curiosidade durante o processo de *coaching*.

Competência 6
ESCUTA ATIVA

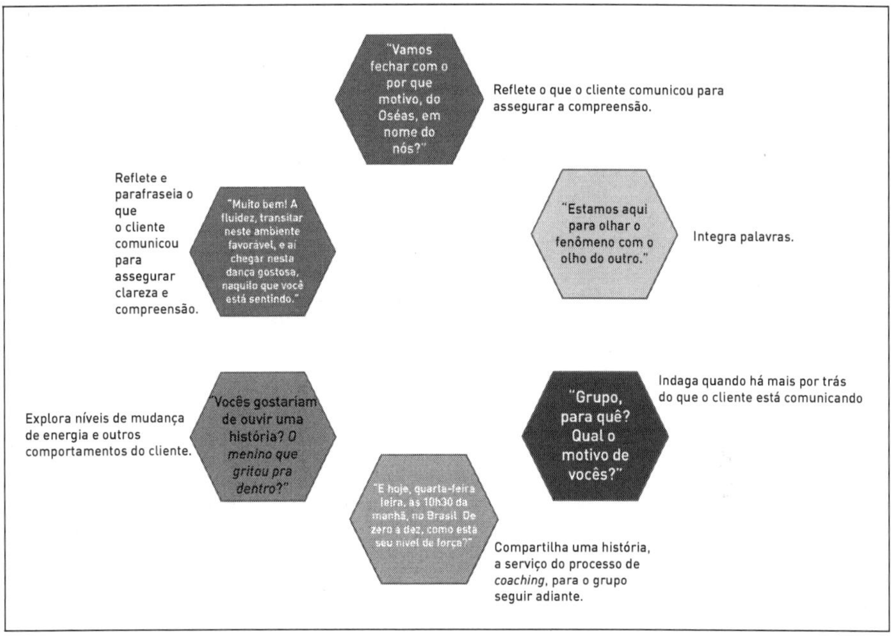

Competência 7
EVOCA CONSCIENTIZAÇÃO

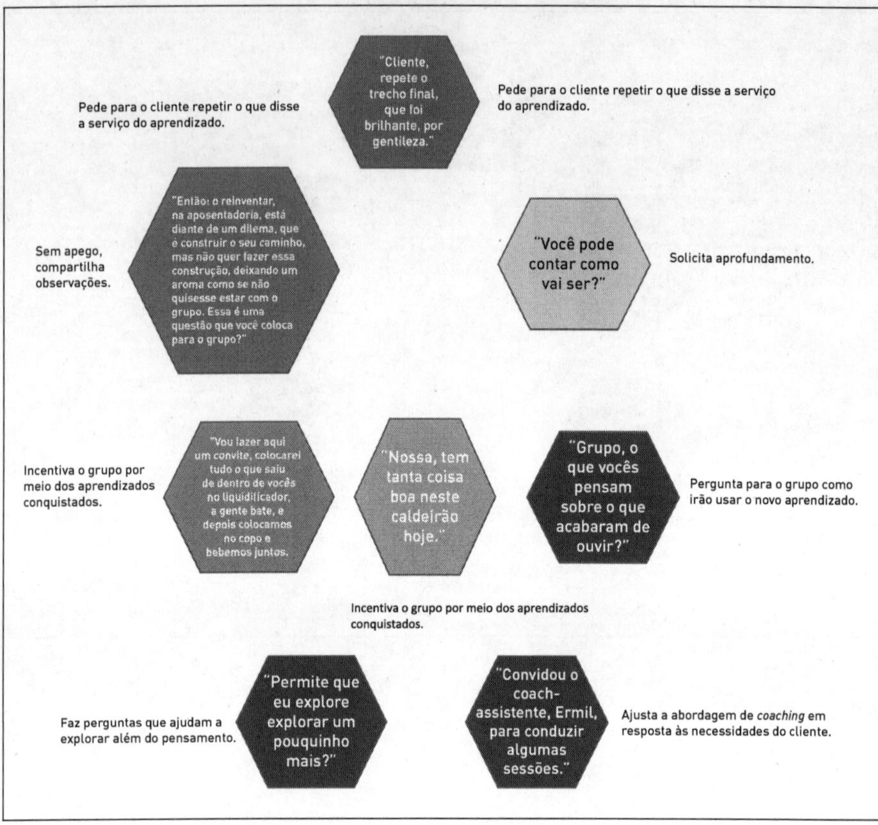

Competência 8
FACILITA O CRESCIMENTO DO CLIENTE

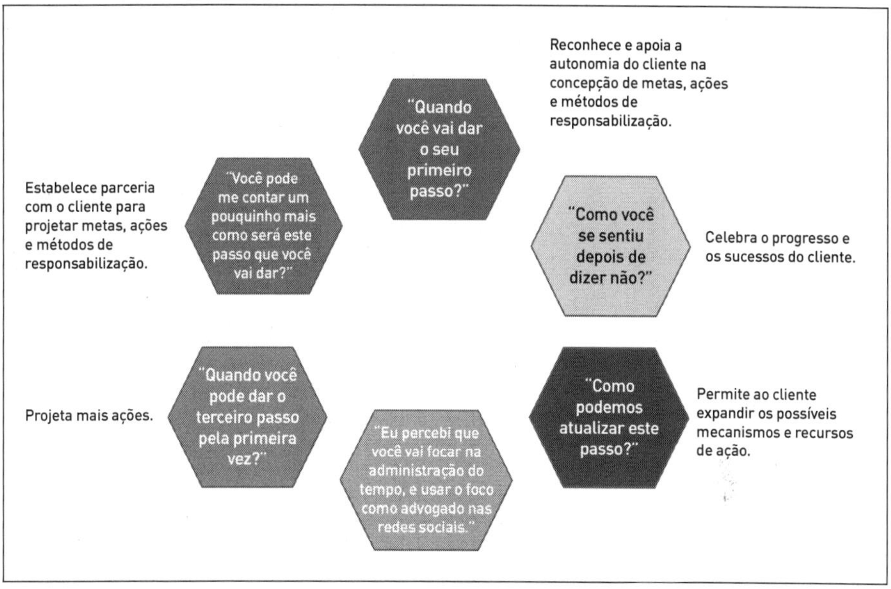

Transcrição feita por Bruna Aiello Conversa entre Dulce Soares e Ermil Diaconescu "Dois *Coaches* e um Processo Grupal"

Por: Dulce Soares e Ermil Diaconescu

Dois Coaches e um Processo Grupal

Dulce: Mas como é que você quer passear? De sessão a sessão? Como é que você pensa em fazer?

Ermil: Eu passei pelo processo assim, de sessão a sessão, mas acho que podemos começar à vontade. Não sei. Porque vamos depois...

Dulce: Então...

Ermil: Tens outra ideia...?

Dulce: Eu queria começar fazendo um *briefing* de como esse projeto nasceu...

Ermil: É, acho importante.

Dulce: Acho importante. Até porque vai ficar documentado no livro, mesmo.

Bom, iniciamos a pandemia dia 13 de março de 2020. Eu fiquei muito preocupada com o impacto que isso podia causar nas pessoas, até porque percebi o impacto que estava tendo aqui na minha casa, com meu marido e meu neto. Para mim não teve muita diferença, porque eu sempre trabalhei muito no interno. Nunca fui muito de ficar na rua. Gosto de passear, gosto de sair, mas não teve nenhuma mobilização, *a priori*. E quanto à reação deles dois, eu pensei: "Será que as pessoas estão assim, como o Rubio e o Rafael?". E aí resolvemos fazer uma reunião, que já estava marcada, de praxe, com a IT Quality, que é uma empresa que nós temos no Brasil, sobre fazer um projeto solidário para as pessoas que compram os nossos produtos e para outras que até não compram, de forma que pudéssemos, então, desenvolver essa rede de proximidade humana. Assim nasceu o projeto Rede Solidária. Nesse momento, um dos diretores da empresa IT Quality falou assim: "Por que que você não começa, então, fazendo uma palestra?". Aí eu fiquei pensando: "Ué, então vamos falar sobre essa questão da resiliência na pandemia", porque se você desenvolve essa habilidade, consegue lidar melhor com isso. Eu sabia que seria apenas uma palestra do projeto da Rede Solidária. Isso foi em março, e nós, enquanto *coaches*, sabemos que temos, todo ano, em maio, a Semana Internacional de *Coaching*.

Como tínhamos umas quarenta pessoas presentes e era um grupo muito interessante, fiz uma atividade prática no final. Eu fiquei pensando, e falei: "Puxa! Será que consigo, desse grupo de quarenta, reunir pelo menos dez interessados em fazer umas duas sessões para que eu possa ofertar, na semana internacional de *coaching*, uma sessão de *coaching* de grupo? Isso, para que as pessoas pudessem ver como funciona. E aí, quando eu lancei essa ideia logo depois da palestra, as pessoas adoraram. Marcamos, então, duas sessões. E fizemos a sessão na semana internacional de *coaching*, e foi muito bacana. Teve muito eco dentro de mim e nos que participaram; em você também, que já estava envolvido - mas aí você pode falar por si mesmo . E dali eu tive um desejo de convidar, para fazer um projeto mais amplo com o processo de *coaching* de grupo, as pessoas que queriam desenvolver a resiliência em dez sessões. O que achei mais interessante é que houve o chamado, as pessoas o ouviram e a coisa naturalmente aconteceu. Então, essa é a introdução desse processo.

Ermil: Acho muito interessante porque me lembro que, na primeira sessão eu disse, afinal, exatamente isso . Eu queria ver esse grupo em um processo completo, com todas as sessões e aconteceu, mesmo. Eu não participei no primeiro encontro da resiliência, mas, depois, parece que fui preso pelo processo. Algo muito interessante, que acredito poder dizer depois desse processo ter acabado, é que às vezes falamos sobre a nossa necessidade de encontrar um nicho ou fazer uma coisa, e, de fato, isso aconteceu. O grupo que se formou e chamou a ti para fazer todo esse trabalho. E aqui, acho que há algo que nos prende, e é muito interessante para os *coaches:* quem quer achar um nicho, às vezes é encontrado por ele.

Dulce: É verdade. Eu acredito nisso também. Às vezes o mundo, a vida dá um empurrãozinho no sentido de "olha por ali! O que você acha?". E nesse grupo aconteceu mesmo isso que você falou. Eles encontraram eco na palestra, encontraram entre eles. E foi muito interessante porque, da mesma forma que aconteceu do grupo virar um grupo, foram formados dois grupos: um de pessoas que já eram *coaches* de grupo e que viram ali uma oportunidade de aprender, porque era um grupo interessante e, principalmente, porque foi na semana internacional de *coaching* – talvez esse tenha sido um dos pontos mais altos de todo o processo, pois havia uma certa plateia. E havia uma disputa por assistir àquela experiência. Com isso, veio a necessidade de algumas pessoas falarem: "Escuta, eu não posso ficar só como observadora. Posso fazer a minha mentoria, já que acabei de me formar?". E nós tínhamos ali alunos da primeira turma do programa de imersão em *coaching* de grupos e equipes, alunos da segunda, da terceira e, até mesmo, da quarta que já estavam inclusive ali, na arena virtual conosco. A gente viveu coisas incríveis, porque esse grupo se viu no direito de eleger quem podia ou quem não podia entrar.

Ermil: Sim, foi...

Dulce: Talvez a gente tenha tido oportunidade, principalmente o pessoal que estava no *mentoring*, de ver o valor de você conquistar coisas. Porque eles tiveram que esperar esse grupo, que foi convidado ou que se autoconvidou, a participar do processo grupal para, depois, pensar sobre isso e ver se valia a pena, se eles queriam ter as suas vidas expostas para a consciência deles e até que ponto precisavam disso, né? Na cabeça dos *mentees,* eles precisavam muito, porque teriam a chance de ver o processo em ação, a metodologia, a postura dos *coaches,* e foi muito interessante esse momento.

Ermil: Olha, mas, Dulce, queria te perguntar uma coisa, porque falaste do início desse grupo. Como é que veio na tua cabeça a ideia de me chamar para também fazer parte desse processo como teu parceiro nessa viagem?

Dulce: Então, acho legal a gente documentar isso.... Já venho há tempos com o meu radar ligado procurando alguém para ser meu parceiro nos processos de *coaching* de grupo. Eu já tenho um parceiro nos processos de *coaching* de equipe, que é um bocadinho diferente da qualidade de intervenção do processo de *coaching* de grupo. E como nós trabalhamos juntos no programa de imersão, e havia, na minha opinião, e há, uma sintonia, uma forma de intervir cuidadosa, amorosa, humanista tanto da sua parte como da minha, eu achei que seria interessante convidá-lo. E ali, eu também estava com algo na minha cabeça: você não estava na primeira palestra, e isso era uma questão *sine qua non*. Só poderia participar quem estivesse na primeira palestra. Mas, como, a partir das outras, você já esteve, além do fato de que você, por ser quem é, fizesse com que as pessoas o olhassem com amorosidade, eu falei "Olha, gostaria muito de convidar um parceiro de trabalho". Então, quando também comecei a colocar o que eu gostaria, eles ouviram o chamado, pois entenderam assim: "Puxa, ela nos chamou, nós fomos, o chamado dela teve Eco em nós, e agora, é ela quem está nos chamando. Então, por que não fazer?" Quer dizer, se eu tivesse que nomear o que senti, foi isso. Daí você veio, e a gente sabe que a sua vinda foi altamente aprovada, porque você foi o primeiro que estava dentro. Os potenciais *mentees* ainda estavam *sub judice*, mas todo mundo dizia: "Não, o Ermil ok", né? E a Dulce, que é a Dulce Martins, é a psicóloga que vai funcionar como um contraponto. E esse foi outro chamado que eu fiz: "olha, é preciso colocar uma psicóloga - por um acaso, temos o mesmo nome - para fazer essa diferenciação comigo, do que é o *coaching* de grupo, do que é a psicoterapia de grupo". E ela estava ali, exatamente como um parâmetro para a gente não entornar, não passar da faixa. E elas também acataram. Aí teve esse momento das *mentees*, que foi muito significativo, quando elas pediam a oportunidade de estar em um grupo que a gente formou no WhatsApp. Então, assim, Ermil, você veio, porque estava na mesma frequência energética que a gente. Acho que é isso!

Ermil: Muito interessante! Eu nunca te perguntei isso. Para mim foi uma coisa, assim, fiquei muito honrado por esse convite. Também vim com a coisa da: "Olha, mas o meu maior trabalho enquanto *coaching* em português. O que vai acontecer, porque tanta gente, oito integrantes brasileiros, portugueses, será que eu vou perceber o que eles falam?". Foi também, pelo menos no início e depois, na condução da primeira sessão, um bocadinho de receio. Não receio, mas, assim, foi muito, muito interessante. Aprendi, aprendi muito. Foi uma experiência, para mim, enriquecedora. E eu acho que cabe a nós, também, fazer dessa, essa... não sei... esse passeio nosso de hoje, cabe a nós, também, falar sobre técnica, sobre como nós pensamos as sessões, sobre como nós construímos as sessões, mesmo, mostrar que sabes o que dizer. Planejamos sim, mas o que acontece na sessão, e como acontece na sessão. Tivemos muitos exemplos de acontecimentos ao longo do processo. E, olhando para isso, eu estou pensando um bocadinho na primeira sessão, e achei incrível o fato de tu teres tomado todo o tempo necessário para desconstruir. Aquilo foi uma coisa muito interessante. Para cada um deles, perceber exatamente o que o outro quer trabalhar. Isso é muito importante, Dulce, em um processo grupal.

Dulce: É importante tanto no "um para um" como muito mega *blaster* importante "de um para muitos". Se você desconstrói, se você consegue entender de forma específica, mensurável e observável o que o outro está falando, o que quer desenvolver e empoderar, você consegue entender aquilo sob a ótica do outro. E quando você entende as coisas sob a ótica do outro, o processo de cocriação se instala. E não é só isso. Esse processo acontece de um para o outro e de outro para um. Quer dizer, isso é simultâneo, isso é com todos que estão envolvidos. Então era muito importante nos ficarmos o tempo que fosse necessário, e ali foi mais tempo, mesmo. Como você falou, eram oito, né? Então era mais gente, oito pessoas, cada uma com uma forma de cadência de tempo diferente, cada uma com uma meta de competência diferente, cada uma em fase diferente da vida. Estavam em um grupo muito heterogêneo: de homens, mulheres, de nacionalidades diferentes, de idades diferentes, de profissões totalmente diferentes. Nós tínhamos, ali, duas *coaches*, e advogados, agentes imobiliários, psicomotricistas...

Ermil: Músicos.

Dulce: Nós tínhamos músicos, né? Então era uma diversidade existencial e profissional tão fecunda que, eu acho, fez com que eles se encontrassem no ponto mais convergente: o ponto da humanidade, da dificuldade. O que eu via muito neles, ali, é que todos, já de alguma forma, eram resilientes. Talvez esse tenha sido o ponto que os uniu. E o que a gente acabou vivenciando foi uma oportunidade de ajudá-los, com eles mesmos e o próprio processo, a encher mais ainda o baldinho da resiliência que era deles. É como se fosse assim: vamos parar para abastecer e depois vamos continuar na lida; era um *pit stop*. Vamos parar para armazenar energia, para voltarmos a circular com ela. Era assim que eu os sentia. O único momento, mesmo, em que houve um *Storming* foi justamente com a entrada, ou não, dos *mentees*. Porque, entre eles mesmos, entre dois colegas, houve uma divergência inicial. Primeiro houve entre três, aí o terceiro declinou. Não, pensando melhor, a coisa ficou entre uma menina e um menino. Uma jovem mulher e um jovem homem. Mas, depois, as coisas foram colocadas de forma tão aquecida que as pessoas voltaram-se para si, pensaram e disseram: "por que não?" Fazer a inclusão também faz parte disso, uma vez que todos estão assinando essa declaração de responsabilidade, essa confidencialidade. Porque você viu, né, como todo processo de *coaching*, é muito mobilizador, e as pessoas se expõem.

Ermil: Mas agora, olhando para o passado, eu acho que foi um *Storming* mais estranho, um bocadinho estranho porque durante todo o tempo manteve-se aquela coisa de humanidade, de resiliência. Foi, não sei como, mesmo que às vezes quente, mas o *Storming "humanista"*, caloroso de qualquer forma, e acolhedor. Eles acolheram até o final... a divergência.

Dulce: Eu me lembro de quando nós começamos a colocar para eles a oportunidade de discutirem no WhatsApp se a concessão que foi dada à Dulce Martins poderia ser incluída às outras pessoas que estavam naquele dia 30 de março e que eram ex-alunos do programa de imersão. Eles não estavam ali para vasculhar a vida de ninguém. É semelhante ao que acontece quando você começa a aprender um idioma. Você está no restaurante e vê que a pessoa fala fluentemente o idioma que está estudando - você quer ouvir a conversa para ver se está entendendo. Você não está interessado no conteúdo em si da conversa, na vida da pessoa; você está interessado na decodificação daquilo que está aprendendo no seu estudo, e com aquilo que você está interagindo, na vida, desse estudo. A mesma coisa acontecia com essas *mentees*, elas queriam ter a oportunidade de ter essa experiência para dizer: "Ah! Olha lá. Estamos então saindo do indiferenciado e indo para o diferenciado. Ah! Olha lá, a Dulce agora fez a pergunta da medida do sucesso. Ah! Olha lá, o Ermil colocou os passos do plano de ação. O que é que você quer levar? Olha só como eles estão conduzindo. Olha, tem recurso assim, tem recurso assado". Era nisso que eles estavam interessados. E aí eu me lembro que teve um momento em que eu coloquei um desafio assim no WhatsApp, quando os dois estavam discutindo. Um dizia: "Eu acho que eles não devem participar". E o outro dizia: "Não, elas devem participar. Por que que não podem? Nós ganhamos. Nós não estamos fazendo nada de diferente disso. Nós ganhamos. Por que que elas não podem ganhar?". Aí, eu falei: "Gente! Por que que a gente, então, não pede para que elas gravem um áudio e argumentem a importância de entrarem?". E depois, conversando com cada uma delas, Ermil, eu descobri que elas também, a Ivana, a Lúcia, a Nídia, todas as pessoas que estiveram no processo do *mentoring*, a Gisele, elas se sentiram, assim, em uma experiência fantástica por ter que argumentar sobre a importância de participar. Em momento algum elas se sentiram ofendidas. Pelo contrário, elas sentiram que, pela primeira vez, batalharam por alguma coisa que elas queriam muito. E aí, o efeito foi maravilhoso! Porque se você diz: "Não, não sei se você deve vir", e o outro diz;"Não, mas pera aí. Deixa eu contar a você porque é importante eu vir", isso cala na alma de quem está envolvido. Poxa! Eu achei que foi uma experiência muito grandiosa, muito especial para os dois lados.

Ermil: Foi sim, mas olha, tocaste em um ponto aqui que eu também reparei nesse processo e que acho muito importante, porque pude ver a importância do grupo interagir fora das sessões e quanta movimentação houve no grupo de WhatsApp. Isso marcou-me um bocadinho como *coach* de grupo: o quanto é importante entreter, alimentar mesmo essa movimentação, esse fogo que acontece entre sessões, porque as vezes o pessoal está calado, não fala, não escreve, mas se movimenta de outra forma. Esse grupo, entre as sessões, trocou ideias, trocou vídeos, trocou... E até agora eles fazem isso. Portanto, acho que foi um ingrediente muito importante nesse processo o que acontece fora das sessões. Eu estou aqui perguntando-me o que normalmente acontece fora das sessões de um processo grupal. Eles falam entre eles? Não falam?

Dulce: Geralmente eles falam, quando o processo é bem instalado no sentido de aliança, de confiança, de proximidade, de estrutura, de organização, mas acho que, aí, teve um ingrediente a mais. Como foi um grupo que se escolheu - porque, literalmente, teve isso , eles começaram a falar em nome do Nós muito rapidamente. Não esperaram chegar na sétima, na oitava sessão. Já na terceira eles se viam como um bloco único. Nós temos colegas, inclusive, que chegaram a dizer, naquela segunda sessão, que na semana internacional de *coaching* parecia que nós já estávamos juntos há muito tempo. E não estávamos, era a segunda sessão, apenas. Como você disse, eles continuam se falando até hoje, e o processo acabou dia primeiro de julho de 2020. Estamos no dia 21 de janeiro de 2021. Então como essa aliança, essa proximidade, essa confiança, esse respeito, a organização foi bem nutrida, bem instalada e, talvez, a meta de competência guarda-chuva tenha sido a resiliência, e de alguma forma isso acabou impactando a sustentabilidade que eles queriam manter, pois é um grupo que se "autossuporta", no sentido de dar suporte aos outros. Como se fosse aquele bailarino que segura a bailarina lá no alto, ou como se fosse o trapezista que se lança, e alguém vai e o pega com aquela rede embaixo. Então o grupo formou a própria rede. São oito pessoas, quando um não fala, tem sempre o outro eu lá para falar, que acaba despertando o desejo, no outro, de falar. E aí essa espiral começa a rodar. Ali a gente tem a tessitura de novo. Falando isso, eu me lembrei de uma imagem que a Elzinha colocou ontem, sobre uma piada de um cara cantando uma música em inglês, só que de um jeito muito engraçado, que era tudo, menos inglês. Isso já gerou movimento, de novo, no grupo. Então, quer dizer, é humor, é alegria, é o que tem que fazer. São as dificuldades, os receios, mas você vê que eles continuam vibrando com cada um dentro de cada um de nós. Eu acho que esse é o ponto. Cada um acabou levando um bocadinho de cada eu dentro de si. Então quando olham para si mesmos, lembram desses outros eus que hoje fazem parte deles próprios. Acho que é isso.

Ermil: Mas houve grupos diferentes.

Dulce: Ah, sim.

Ermil: Há grupos e grupos, porque, quando a Elza colocou e quando alguém coloca algo no grupo de WhatsApp, todo mundo reage, seja quem for, dos observadores, de nós, do grupo mesmo. Todo mundo reage, de certa forma, a essa rede. E é desejável que isso aconteça no *coaching* grupal - no final, que permaneça uma rede. E a rede que foi criada apanhou a nós, também, assim como aos outros.

Dulce: Sim, essa rede também nos pegou. E aí, eu fico pensando. Qual foi realmente o ingrediente, a variável que deu esse voto de minerva? A gente sabe que existem grupos que não funcionam assim. Tem grupos que acabam e as pessoas nem se veem mais. Essa, inclusive, é a diferença entre o *coaching* de grupo e o *coaching* de equipe. Existem muitos grupos em que, depois de concluído o processo, talvez as pessoas nunca mais se vejam. Eu já tive vários grupos nos quais as pessoas tinham interesse de se ver uma vez por ano, ou uma vez a cada dois anos. Ou em que, de repente, depois de um tempo, se encontra e fala assim: "Ai, Dulce! Resgata todo mundo. Vamos ver se a gente faz uma sessão." E a gente faz! Mas tem grupo que não dá vontade de largar, porque às vezes foi tão emblemático, foi tão significativo, que aquilo toma uma forma. É aquela história que a gente escuta, esses provérbios - acaba virando as suas próprias pegadas. Você olha para aquilo ali e pensa: "ali, eu não estava sozinho. Eu estava com fulano, beltrano e sicrano". Eu acho que passa muito pela questão, também, do momento atípico que a gente está vivendo. O processo grupal entra em um momento em que o mundo parou. Quantas vezes a gente testemunhou o mundo parar? Então a gente sabe que tudo na vida tem prós e contras. A pandemia também trouxe prós e contras. Bom, como é que vai ser? A economia parada não só no país A, B ou C, mas no planeta Terra. E eu não sei quando vai voltar, está todo mundo dentro de casa, independentemente da nacionalidade. Quer dizer, ficou todo mundo na mesma condição, que é a condição da humanidade. E todo mundo passando pelas mesmas coisas. Quer dizer, ficamos igualitários. Não havia rico, pobre, bonito, feio magro, gordo. Era humano. Eu penso que essa afinidade, além de ter se alastrado entre eles, também nos pegou de uma forma muito responsável, porque estávamos na organização daquilo tudo. E quando a gente viu tanta humanidade entre eles, talvez a gente tenha ficado atingido no sentido de: "como é possível? Será que a gente só consegue fazer isso quando o mundo para? Quando o tempo para? Será que a gente não pode fazer isso independentemente de ter pandemia, Covid e a economia do planeta parar? Até que ponto eu não posso olhar para o outro independentemente do externo?" Assim, eu acho que isso que você falou é uma verdade. Por que esse grupo funcionou assim? Eu não sei. Em 30 anos de profissão, eu nunca vi, também, um grupo funcionar da forma que esse funcionou. Para mim, eles são inéditos. E eu acho que esse é um dos motivos pelos quais a gente está fazendo este livro, que a gente está fazendo junto. Ermil, uma coisa interessante é que nós vamos ter uma letra de música como uma representação do que foi esse grupo para esse músico, um grupo de palavras como uma representação do que foi esse grupo para aquela agente imobiliária que trabalhou conosco. Nós temos um desenho, nós temos os artigos que as pessoas escreveram, propriamente ditos. Uns, até em uma conotação de artigo científico. Outros, relatos de experiência, porque não são pessoas da área acadêmica. "Então, Dulce, posso escrever o que eu senti e o que eu vivi?". "Pode!". No livro, teremos também uma entrevista virtual dentro do YouTube, é o que vamos viver com a Lúcia Santarém. E isso que a gente está fazendo aqui agora, que vai no livro, no formato de transcrição. Então, eu acho que este livro traduz a essência de cada eu realmente mostrando essa cocriação, porque não fui nem eu nem você que inventamos isso. As pessoas foram trazendo ideias e alguns foram dizendo assim: "Eu não sei o que escrever, mas eu sei cantar, eu sei compor". Eu falei: "Pronto! Então você tem o que ofertar". Nós desejamos isso, nós acolhemos isso. Então é como se, de novo, eles estivessem sendo aceitos, incluídos com a sua forma de ser, de pensar e de sentir. Eu acho fantástico o que está acontecendo com esse grupo, agora que estamos gerando o livro.

Ermil: Estava a pensar em uma coisa. Eu acho que sim, esta língua comum da humanidade foi uma verdadeira língua comum, porque houve pessoas mais subjetivas, houve pessoas mais objetivas, mais músicos, pessoas mais focadas no lógico, no plano lógico, mas todo mundo, nesse grupo, fala, de fato, a mesma língua, a da humanidade, a do... não sei... do carinho pelo outro, do respeito pelo outro, e acho que outro ingrediente. E isso formou-se de maneira natural. Mesmo no início, eles não descobriram essa língua comum ao longo do trabalho. Eles não trabalharam para alcançar essa língua comum. Eles formaram esse grupo exatamente por causa dessa língua comum que estava em cada um deles. O que foi muito interessante, porque aqui... O que foi muito interessante porque eu me lembro da primeira sessão, da parte do avisares, de ter-lhes avisado. Olha, eu lembro-me daquela frase que disseste: "Olha, eu sou profunda, então vamos mergulhar fundo". E essa coisa do *coach* explicar o que vai acontecer, eu aprendi com esse processo, e eu uso agora. Acho que muito, muito bom o cliente, ainda mais no espaço do grupo, perceber o que vai acontecer com ele ao longo do processo. Surpresa não é algo muito bom em um processo como esse, então esta coisa de explicares exatamente o que vai acontecer: "agora eu faço isso, porque eu quis despertar isso em vocês", foi uma coisa incrível. Eu nunca pensava que poderia ser assim. Olha, o meu cliente está na minha frente, então eu, agora, vou fazer isso porque eu quero isso, ou porque...É muito interessante essa coisa de explicar ao cliente.

Dulce: O *trailer*, né? Você sinalizou um ligeiro *trailer* do que vai acontecer, o que é muito importante quando você vai trabalhar em uma modalidade que já é naturalmente mobilizadora. Os processos grupais são mobilizadores, eles demandam vulnerabilidade não só sua, mas de quem está fazendo parte desse processo grupal. As pessoas geralmente conhecem inicialmente o *coach*, e elas passam a se conhecer, entre si, no processo. Eu me lembro que, quando fui fazer mais especializações em *coaching* de grupo e de equipes, inclusive com a Jennifer Britton, ela sempre falava que era importante esse espaço de sensibilização entre os participantes, que é muito importante que eles tenham vínculos entre si mesmos além do vínculo que têm conosco. Porque o trabalho não é só conosco, o trabalho, inclusive, acontece entre eles.

Ermil: Mas estsa é a força do grupo, não é?

Dulce: É a força do grupo. Nós acabamos até sendo convidados e, às vezes, ficamos no fundo, em uma relação figura-fundo. Quem está na figura é o grupo. Era muito importante, então, esse espaço de conexão entre eles. A própria construção do *Mind Map* é o momento em que eles vão se conhecer. E eu me lembro que nós usamos alguns recursos por meio dos quais eles teriam que tentar imaginar de quem era aquela meta de competência de acordo com a imagem eleita. Isso já fez com que cada um olhasse para o grande outro de uma forma mais profunda: "Mas, pera aí! Deixa eu ver o que, talvez, na minha percepção, combinaria mais com você? Você está falando que quer desenvolver a competência da organização financeira. Qual destas imagens teria alguma conexão com a tal da organização financeira? Como é lidar com a questão da escuta ativa? Qual é a imagem que reverbera isso?" Essa estratégia de construir esse mapa mental dessa maneira foi muito interessante, porque eles chegaram mais próximos da carcaça do outro, no sentido de bater na porta e perguntar "posso entrar?". Acho que foi isso que aconteceu. Então, respondendo o que você perguntou: o vínculo entre eles precisava nascer, precisava se manter até mesmo para que a gente tivesse o produto desse processo, que é justamente cada um beber na fonte dessa sabedoria coletiva, como se o grande nós, a primeira pessoa do plural, fosse uma prateleira onde cada um vai lá e pega a vitamina da qual carece, bebe para poder energizar o baldinho do seu Eu. Então, é simples assim. Está lá na fala de algum Eu que acabou virando nós. Começamos a fazer o estoque de *insights*, de ideias, de reflexões, e cada um começou a refletir: "poxa, nunca tinha pensado por aquele prisma, por aquele ângulo". É quase que um *Points of You* de pensamentos e sentimentos nas relações. E aí, cada um foi construindo a sua nova maneira de perceber a realidade externa a partir da sua nova realidade interna.

Ermil: E percebendo o quão diferente pode ser a percepção da realidade do outro, o que é muito importante.

Dulce: Exatamente, exatamente! As regras também foram muito importantes. E nós as estabelecemos logo no início, como o processo sinaliza enquanto estrutura. Então, estabelecemos as regras. Todos deveriam ficar na sala até o final. O impacto disso, no outro, foi mais ou menos assim: "você é importante para nós. Não saia!". Não foi com o sentido autoritário, foi com o sentido de "solicitando a sua presença". E hoje em dia, as pessoas estão vivendo outra coisa, que é ser descartável. Então, quando vê alguém chamando você para vir, isso é quase que uma raridade. Você fica até encantado: "Gente, me reconhecem, me querem". Essa foi a primeira regra. O sigilo de tudo que foi exposto no grupo; sermos sinceros e ouvirmos uns aos outros até o final, para que não houvesse nenhuma interrupção; ouvir até o final sem julgamentos; que todos podessem ouvir uns aos outros na essência, colocar-se no lugar de quem estava se expondo, sem julgamento, assistindo a tudo como é. Não funciona assim: "Ah! Eu não vou dizer isso porque não pega bem". Não! Diga como é, pois a gente não vai julgar se pega bem ou não. A gente quer saber o que se passa dentro de você sobre essas questões de resiliência, sobre essas questões da sua meta de competência. Como é que você vai funcionar nesse período em que ninguém sabe como vai ser. O acolhimento sem julgamento. Aí vem o respeito nas relações, que está na fala, no momento de cada um, nos desejos, mesmo que você não concorde com eles. Em que lugar está escrito que todo mundo tem que concordar com todo mundo? Agora, vivenciar isso é um desafio, porque quando vê que o outro não concorda com você, geralmente as pessoas se trancam. E quando você está predisposto a não se trancar, é o momento em que você corre o risco de aprender que é um bom risco. Minha regra de ouro: "O silencio é bem-vindo na arena grupal'. Essa é minha e, caso ele se manifeste, deixe-o ficar pelo tempo que for preciso. Porque quando vem o silencio, é quando a gente se escuta, é quando fica lá o eco das palavras do que alguém acabou de dizer, do que eu acabei de dizer. "Nossa! Olha o que ele falou. Caramba! Olha o que o outro falou. Gente! O que eu penso disso que o outro falou. Como é que eu fico agora? Olha o que acabou de sair da minha boca! Eu nunca tinha parado para pensar que seria capaz de dizer isso". Então, o silêncio fala tudo isso . Ele precisa vir para dizer o que tem que dizer. E esse grupo realmente foi muito maduro nesse sentido. Eu acho. A palavra, para eles, é maturidade, Ermil.

Ermil: Sim! Quando há silêncio, geralmente as mentes estão a trabalhar. Estão a trabalhar em uma coisa interessante, porque houve também essa parte de confidencialidade, que acho essencial em um processo grupal. Uma coisa da qual me lembro, especialmente da primeira sessão, foi o ritmo. Porque houve um ritmo, mesmo que eu... Sabes? Eu já disse que tomaste todo o tempo para cada um desconstruir, mas ao mesmo tempo foi um ritmo muito rápido. Não sei como dizer. E pude perceber, naquela primeira sessão mesmo, a facilitação que usamos, às vezes, em um processo grupal. Eu me lembro que chamaste o Fernando a falar, e normalmente não fazemos isso. Deixamos o silêncio, mas por conta de manter o tempo, usaste também coisas de facilitação.

Dulce: Sim, sim! Inclusive, é até muito comum acontecer isso nos processos de *coaching* de grupo e até mesmo de *coaching* de equipe. Nem sempre você fica predominantemente nos processos de *coaching*. Em alguns momentos há uma certa, uma "ligeira diretividade." E, para que seja o mais imparcial possível, a facilitação é acionada. Mas o nosso grande desafio é saber o que está fazendo e o porquê de estar fazendo. Então, todas as vezes em que eu fazia isso, era muito consciente. Eu sabia o que estava fazendo, havia ali aquele momento em que tínhamos uma questão de tempo, porque era um processo grupal seguido de uma sessão de *mentoring* a partir desse processo grupal, e havia um acordo de *coaching* predefinido, que seria em torno de 1h30/1h40 com essas pessoas que fazem papel de cliente. E aí, é claro, à medida que vai sentindo o grupo, você vai percebendo a hora em que pode ser um pouco mais provocativa, mais disruptiva no sentido de :"Olha! E agora, José? Como que segura essa bola? Como é que você lida com isso? Você ouviu o que o colega acabou de falar? E aí, o que você pensa disso?". É claro que eu não vou fazer isso com o grupo que acabei de conhecer. A gente vai esculpindo o desenho do grupo conforme ele vai se manifestando. Eu já tinha percebido, em alguns e principalmente no Fernando, que também trazia uma questão transparente muito forte, desde o início. Ele chegava dizendo: "Olha, eu estou meio fechado" e, depois ele ia se abrindo. Então pude perceber, ali, que eu poderia fazer o que fiz naquele momento. Porque se eu tivesse a dúvida, o receio, daria um passo atrás e não faria. Eu arrumaria outra maneira de compor o tempo, mas sem fazer da forma, talvez, um pouco mais provocativa, como às vezes eu fazia. Tenho uma característica, um estilo de *coach* profissional de ser assim: "Vamos subir, agora, mais um degrauzinho?" Olha, eu dou a você esse peteleco aqui. Porque vem essa coisa mesmo do novo, do desconhecido, que me fascina, então está dentro de mim. Acaba até entornando, em alguns momentos.

Ermil: Exatamente. Porque, olhando de fora, pode parecer, por exemplo, uma quebra de silêncio, mas não é. É totalmente diferente. Entrar no momento certo, uma coisa, um pouco de facilitação no momento certo não é uma quebra de silêncio, é totalmente outra coisa. E houve, nesse processo que foi também altamente técnico. Eu me lembro que algumas sessões, como a segunda, foi altamente técnica. A oitava sessão, aquela que foi conduzida por mim, foi altamente técnica, e houve algumas quebras que, para alguém, por exemplo, no início de carreira de *coach* pode parecer... Lembro-me da pergunta que fiz ao Fernando, uma pergunta totalmente fechada, mas exatamente a pergunta certa, no momento certo: "Esta criança interior tem força?". E o que despertou essa pergunta, que não se faz, né? É uma pergunta fechada, mas que foi exatamente a pergunta certa, porque senti exatamente o momento em que ele ficou assim... ainda falou de novo a minha pergunta: "A criança interior tem força?. Tem sim!". E começou a explicar. Naquele momento, eu abri uma coisa incrível de explorar com a pergunta, que também pode. É só saberes o que fazer no momento.

Dulce: Exatamente! E para você saber o que está fazendo na hora em que está fazendo, tem um investimento aí por trás. A gente sabe que tem muito estudo, tem mentoria, tem supervisão, tem observação, tem pesquisa, tem justamente você observar o que existe ali na sua frente, confiar nos seus órgãos dos sentidos, confiar na sua intuição, confiar no próprio processo de *coaching*. Isso tudo representa flechas importantes que a gente tem que ter na nossa aljava enquanto bons arqueiros, para tocar no ponto certo. Eu me lembro dessa vivência e foi incrível mesmo, porque são perguntas que, às vezes, desatarraxam a garrafa do gênio e... "Puft!". Sai e a pessoa tem aquele "Ahá!", aquele "Eureca!". E o nó desembola, flui, vai assim, com a energia mesmo da vida. Entra em *flow* a questão, entendeu? E é verdade, pude perceber isso sim, em vários momentos. Eu me lembro, também, que teve um momento muito interessante do nosso processo enquanto *coach*, enquanto *coaches*, nós dois juntos, para que também pudéssemos entrar na hora certa, enquanto indivíduo e dupla. Eu me lembro que houve uma combinação entre nós. Havia algumas sessões que eu abria, você então observava; outras que você abria, e eu observava. Teve um momento em que nós resolvemos interagir de forma mais simultânea. Até para a gente ver como é que estava a nossa cadência em relação à cadência do grupo. Isso foi muito legal. Foi o momento em que começamos a perceber: "E aí? Tem alguma coisa que está no meio da língua para falar, para vir à ponta da língua?". Foi importante para que a gente também pudesse observar o parceiro de trabalho, o colega, para perceber, também, qual é o momento que ele quer dar um contributo, mas, ao mesmo tempo, não quer atrapalhar aquela dinâmica que está acontecendo naquele momento. E a coisa não precisa ser desesperadamente rápida, ela pode ter o seu tempo mesmo, sua cadência, sua pausa, sua batida, para que dê espaço pra você olhar, entrar, como se você estivesse pulando corda, mesmo. Qual é o momento preciso para você entrar naquela hora em que a corda está batendo, para entrar na hora certa de forma que a corda não embole, não esbarre em você e não pare.

Ermil: Exatamente! Eu acho que tocaste em um ponto muito importante aqui, que é o investimento, o treinamento, a formação, o trabalho, porque às vezes parece muito simples com aquilo que ele faz, ou fazer exatamente como ele, mas que não dá, e por isso começamos, todos: "não fazes perguntas fechadas", e depois vais saber para onde vai essa pergunta. Mas temos de treinar, temos de trabalhar para chegar naquele *flow* de tudo que estavas a falar. E é claro que a gente desanima, às vezes, no início, porque é difícil, mas é a única maneira de chegar até lá.

Dulce: É, você, para ter um bom produto, precisa do processo. Se não vive o processo, você não vai ter, vamos dizer assim, um bom produto. Não tem como queimar etapa. Precisa da estrada. A estrada é a experiência, são os ensaios, os erros, as aprendizagens dos fracassos anteriores. Porque é muito importante a gente ver as dificuldades, os fracassos, também, como uma oportunidade de aprendizagem. Porque às vezes um fracasso vai gerar em você um grande *insight* que vai fazer com que seja o vencedor, o tempo todo. È como se fosse uma mola, mesmo, que empurra você lá para o alto. Então é sempre olhar aquela dificuldade como uma oportunidade de aprendizagem. Pode não ter sido o melhor dos mundos aquele seu processo, mas isso não significa que todos os seus processos grupais vão ser comprometidos. Absolutamente, a gente sempre aprende com essas questões que acontecem. A supervisão, a mentoria, ajudam muito, porque você vai ter um outro

Eu que vai ajudá-lo a olhar para o fenômeno de forma multifacetada. Então, isso é valioso. Eu sempre recomendo aos alunos da nossa formação que, quando forem fazer uma comercialização de um processo grupal, seja *coaching* de grupos seja de equipes, coloquem no orçamento deles o custo de, pelo menos - se for um processo de doze sessões - quatro sessões de supervisão e mentoria. Porque você, pelo menos, a cada três sessões, há o olhar da supervisora, ali. Isso no início, depois você pode até espaçar um pouco, porque a experiência vai aumentando, mas é importante sempre ter a figura da supervisora perto de você. Eu costumo falar, de forma muito carinhosa, que é o grilo falante que fica com a gente lá dizendo:"Olha! Por que não por aqui, mas por ali? O que você acha?". E isso é legal para que a gente possa ver o que, às vezes, está embaixo do nosso nariz e a gente não vê.

Ermil: E mesmo a experiência pode trazer, também, às vezes, cegueira. Por isso que precisamos de muita experiência. Não significa que não podemos, às vezes...

Dulce: Muito bom!

Ermil: Impede-nos de ver coisas porque já pensamos que sabemos tudo, que já... Mas a coisa pode ser parecida, e diferente, também. Outro grupo pode se parecer com aquele que tive há anos, mas é sempre diferente, as pessoas são diferentes.

Dulce: É isso mesmo. Quem acha que sabe tudo pode ficar cego, e o pior, nem temporariamente, mas definitivamente, o que é muito ruim. E, realmente, está lascado se achar que não tem mais nada para aprender, que já virou, como a gente brinca, o sabão ("sabe tudo"). Enfim, não vai conseguir ver as pérolas que estão no caminho.

Ermil: Sabes, como o *coach* é o espelho para o cliente, nós também precisamos dos nossos espelhos, né?

Dulce: Muito legal, também, que a gente teve a presença do espelho na sessão, né? Quando os clientes começam a se questionar: "Pera aí, eu quero desenvolver a habilidade de lidar com pessoas difíceis, mas será que a pessoa difícil não sou eu?" Ser ou não ser? Eis a questão... Quer dizer, tivemos ali uma reflexão nesse nível. Até que ponto, eu tenho parte nesse latifúndio? O que é meu, disso tudo? É um processo de maturidade bem legal. E foi muito bacana ver essa pessoa percebendo isso. E o grupo também ficou, vamos dizer, maior, quando se deu conta, também, do *insight* que era dela e passou a ser de todos.

Ermil: Do grupo mesmo. Dulce, mas eu acho que cabe também a nós falarmos um bocadinho sobre técnicas diversas usadas ao longo do processo, sobre técnica de *coaching* de grupo. E eu acho que aqui está no momento certo, porque chegamos aos poucos à sessão. A segunda sessão, como eu já disse, é extremamente técnica, e vou dizer o porquê. Estava aqui observando, e começou, também, com uma coisa muito interessante. Levaste aquele... aquele carinho do Rubio, que foi extremamente emocionante. E acontece de, às vezes, o *coach* também ficar impactado emocionalmente, por causas diversas. Portanto, conta um bocadinho disso e, também, vamos pensar o que faz o *coach* quando acontece uma coisa como essa no início da sessão.

Dulce: Ih! Ali foi uma pegadinha e tanto. Nós estávamos na segunda sessão, era a sessão da semana internacional de *coaching*. Então havia, dentro de mim, um espírito de responsabilidade muito forte de cumprir um dever com o mundo externo, com pessoas que estavam inscritas, pois me comprometi a fazer isso. Nós tínhamos ali quarenta pessoas, e eu fiz um processo seletivo extremamente rigoroso de quem estaria ali, porque sabia que as pessoas, naturalmente, iam se expor, um pouco. Então eu não abri tanto. Nós tivemos cem pessoas desejantes a participar porque não vemos, com frequência, processos de grupos de *coaching* no ar, para que haja testemunhas. E aí eu pensei: "bom, deixa eu ver, dessas pessoas, quem eu conheço, mesmo que as participantes do processo grupal não conheçam. Elas já confiam em mim o suficiente para que eu deixe vir, de fato, quem não vai fazer nada de errado com esse material que vai ter acesso. Também combinamos de gravar a sessão, combinei com elas e com essas convidadas que elas só assistiriam àquela vez, então não teriam a gravação, isso foi combinado antes. Estava no acordo que eu tinha com as nossas clientes do grupo dos resilientes. Só quem recebeu a gravação foram elas e, no caso, você, a Xará e eu. As meninas do *mentoring* só recebem depois, quando elas têm autorização para fazer parte do processo - nessa época, ainda não tinham. Eu oferto o processo nesse dia, quando falo "Olha! Se vocês quiserem, se matem, depois de uns horários, que eu faço com vocês". E, claro, eu havia feito uma homenagem para todos os meus parceiros que vieram comigo à Semana Internacional de *Coaching*. O meu objetivo era colaborar também com a ICF, colaborar com a nossa categoria profissional. Então eu chamei um grupo de colegas, como eu já faço há três anos, para fazermos, também, a nossa contribuição naquela semana. Eu fazia uma homenagem, a cada semana, de um palestrante, de um orador, e o Rubio me via fazendo isso, me via estudando qual música eu achava que combinava com o palestrante. Aí, ele pensou, lá nos botões dele: "E no dia dela? Não vai ter ninguém para fazer o dela?". Só que ele não falou isso para mim. Ele viu que eu fazendo para os outros. Então, como ele também é *coach,* assim como é *coach* de grupos e equipes, também estava participando da Semana

Internacional de *Coaching*. Ele viu, e foi fundo, porque, como a Ivana mesma falou, ele me pregou uma peça. Eu não esperava. Sou uma pessoa extremamente sensível. Como já falei, eu sou profunda. Então quando ele fez o que fez, mexeu na minha arte. E a gente está falando de uma profissão que vai da arte à ciência. Então quando ele mexeu na minha arte, realmente me fez chorar de emoção, mas ao mesmo tempo que aquilo acabou, voltou o senso de responsabilidade, esse espírito de que 'eu sei o que estou fazendo aqui nesse mundo, Fecham-se as torneiras da emoção e vamos fazer o que tem que ser feito. Eu estava ali, com o meu nariz de Bambi vermelho, ok, mas tudo bem. Vamos perguntar o que trabalhararemos na sessão de hoje que traga valor. Grupo! Começamos ali e fomos dali, do ponto de vista técnico, assim como você colocou, de fio a pavio, porque havia uma responsabilidade com a Semana Internacional de *Coaching*, com a ICF, como MCC, como *Past President*. Tudo o que eu já me envolvi, dentro da ICF, como dona de um curso acreditado. Então tinha tudo isso ali, no meu radar. Eu tinha que fazer com a maior técnica, o maior profissionalismo possível, porque ia ter gente me assistindo que não tinha outras experiências. Eu tinha que ter, ali, o meu melhor. Então realmente talvez tenha sido a sessão mais técnica, não sei se de todo o processo, mas bem técnica, daquele dia, sim.

Ermil: Sim, mas olha, falando de técnica, eu tenho dois, três momentos que queria que falássemos, nessa segunda sessão. O primeiro, claro, foram muitas perguntas poderosas. Eu até tenho os meus apontamentos, mas muitas coisas de presença, de ficar atento ao momento, mais duas coisas, duas, três coisas. A primeira é a pergunta inicial: Que cada um falasse uma coisa boa acontecida entre a primeira e a segunda sessão. O que faz? Qual o papel dessa pergunta?

Dulce: Tá. Eu observo, de uma forma geral, que a maioria das pessoas ficam focadas só naquilo que falta, naquilo que não é tão bom, naquilo que é ruim. O processo de *coaching*, ele é um processo otimista. É um processo mobilizador, sim, mas é um mobilizador para ficar melhor do que está. Então essa é uma pergunta amparada na psicologia positiva, mesmo. "Escuta, olha para a sua história mais fresquinha, da semana passada até o dia de hoje. E conta para nós o que de bom aconteceu com você". Se naquele dia você acordou um pouco mal e é recebido com uma pergunta dessa, já corre o risco de ser afetado positivamente. Então você é convidado a olhar a realidade assim: "Não olha só para aquilo que falta ou para aquilo que não está bom. Olha também para aquilo que está bom. Por exemplo, ontem nós estávamos na quinta turma do programa de imersão. Ontem eu fiz essa pergunta. Eu sempre abro o segundo dia da formação com essa pergunta. E sempre abro o segundo dia de um processo grupal com essa pergunta. Ela me dá estrutura de rede para que eu possa ajudar o outro a ver: "olha, a vida, ela é muito linda! Não esquece disso". E aí teve uma aluna que falou assim: "Uma coisa boa que aconteceu é que, com essa pandemia, eu aprendi a cozinhar. Mas não é para cozinhar com obrigação. Pela primeira vez, eu fiz um prato bacana. Estou acompanhando uma chefe chamada Rita Lobo, e toda a minha família amou a comida. Meu marido comia dizendo assim: 'Nossa! Que delícia, amor!'. "E eu queria contar para vocês que isso me fez bem." Agora você imagina uma pessoa abrir a boca para dizer uma coisa dessa. Essa pessoa está revitalizando até as células dela quando fala uma coisa como essa. A aluna estava falando isso sorrindo, com alegria, e com toda a dificuldade que a gente está vendo: gente perder o emprego, gente morrer, gente desacreditar na vida, na ciência, até mesmo na fé. Mas mesmo com todas essas vicissitudes, essas adversidades, é possível olharmos para dentro e ver: "Olha! Tem coisa boa acontecendo também, não se esqueça disso". Porque é isso que vai nos dar insumo para continuarmos na luta. Não adianta nos sentarmos no meio fio e ficar chorando, não adianta. Se resolvesse, eu sentava junto. Mas não adianta. Então é olhar para dentro de você, ver o que que você tem de bom e lembrar disso para você mesmo". Então essa pergunta vem daí.

Ermil: E facilita também esse olhar o trabalho da sessão para o futuro. Porque o *coaching* está sempre olhando para o futuro. Então o trabalho da sessão começa de outro jeito, com uma coisa boa olhando para um futuro melhor. Porque é por isso que fazemos *coaching*, para sermos melhores. Para progredir...

Dulce: Exatamente!

Ermil: Exatamente! Tem um outro momento interessante, o do disparador, a história da falta que a falta faz, mas o que eu quero comentar contigo hoje não é sobre o recurso disparador, que é extremamente útil e pode ser usado, acho, em todos os processos grupais do mundo. O que foi extremamente interessante foi a tua escolha de não colocar o videozinho, que é muito engraçado, de fato, e muito mobilizador, também. Aquela menina cheia de emoção chorando de vez em quando. Mas tu interpretares o livro, leres o livro... De onde veio essa escolha tua? Eu tenho as minhas ideias, mas vou falar depois.

Dulce: Isso vem da história do profissional. A gente já escreveu algumas vezes, já falou que o *coach* também é uma ferramenta de intervenção. A sua forma de ser, sua forma de pensar, ele é uma flecha poderosa. Eu venho da Educação. Então ler livros, interpretar para as pessoas com as quais estou interagindo é uma coisa que já está na minha história profissional. Quando entro em um processo de desenvolvimento humano, independemente se como *coaching*, ou com a própria psicoterapia, em um grupo operativo ou na sala de aula, como professora, vou com o pensamento "eu estou a serviço do outro". Eu nem chamo "do outro", eu chamo do "grande outro", porque ele é grande, para mim. Eu costumo dizer que o *Outro* é onde o Eu pousa os seus olhos. Então tem parte do meu Eu ali, também. Por que eu estou dizendo isso a você? Porque entra a Dulce inteira na sua criatividade, na sua atividade, na sua autoridade e na sua liberdade. Se eu sentir uma intuição de que é para ler, e não para colocar vídeo, vou seguir a minha intuição. E como aquele grupo tem uma humanidade exacerbada, eu pensei: "Por que que não fazer o que os nossos avós faziam quando éramos crianças? Sentavam e liam histórias para a gente. Vai ser um prazer eu ler para eles uma história que possa funcionar como um recurso disparador de reflexão". Então eu não tive dúvida alguma de que faria leitura. Só estava, ainda, elegendo qual seria o potencial livro, porque também sempre levo, na minha cartola, uns três ou quatro recursos que funcionam de acordo com a minha intuição e com aquilo que eu capto do próprio grupo. Eu tinha três livros na minha mesa, mas já sabia que, se fosse usar um deles, eu iria ler para justamente ter essa conexão do grupo comigo e do meu Eu para eles. E aí eu li a história e fiquei com a sensação de que tinha que ler, mesmo. Eu me lembro que fiz aquela orientação: "Olha, vá ali na sua janelinha do Zoom, mexa lá naqueles pontinhos, coloque sua imagem para você ver bem a figura do livro." Isso porque, se colocassem a janelinha com todos, talvez a imagem não fosse tão bem vista. E aí eles fizeram e puderam realmente mergulhar comigo na história. Essa é uma outra ação em que eu sabia muito bem o que estava fazendo e o porquê de estar fazendo.

Ermil: Exatamente! Permite aproximar, ainda mais, o grupo. Não é nem por uma coisa entre ti e o grupo, né? Um vídeo, alguma coisa assim mais mecânica, mas na verdade uma coisa que tornou todos mais próximos. Mas tem que ser feita exatamente dessa maneira, naturalmente. Se eu, por exemplo, quiser colocar, ler uma coisa, mas fico fora do meu conforto ao fazer isso, não dá. É melhor colocar o vídeo do que ficar uma coisa que não é o meu natural. Foi mesmo uma coisa natural, como falaste. E outra coisa que eu gosto muito, que acontece sempre nas tuas sessões e que eu roubei de ti, é aquela coisa do final, de estar no momento certo para acabarmos a sessão sempre perguntando isso.

Dulce: É. Por conta de ser muito mobilizador. Como tem a história do *trailer*, que falei com você, eu preciso já anunciar que estamos caminhando para o final, para que as pessoas também possam se autoorganizar e se preparar para esse fechamento. E aí, é claro, eu não posso fechar se ainda tem porta aberta, mas eu também preciso fechar naquele tempo. Então essa também é uma pergunta de termômetro. Vamos imaginar que a pessoa diga assim: "Dulce, eu ainda não estou pronta". Eu posso dizer: "Olha, nós podemos ficar mais uns cinco a sete minutos. O que você pensa disso?". É preciso que haja, ali, um espaço flexível mínimo, para a pessoa também se autoorganizar. Mas geralmente, quando introduz essa pergunta, que tem toda uma técnica e um protocolo por trás, você já sabe que a coisa está caminhando para o fim. E não só você, o próprio grupo, também. A própria arena sente quando a gente já trabalhou o suficiente e que está na hora, agora, de deixar a massa que a gente bateu ali descansando para que ela cresça, para que a gente possa pensar sobre ela. Na próxima semana a gente volta a mexer nessa massa de criação, vamos dizer assim.

Ermil: Mais alguma coisa importante, interessante, na segunda sessão?

Dulce: Acho que foi uma sessão muito emotiva, né? Porque teve a pegadinha do Rubio, a surpresa, mas foi uma sessão assim, talvez ali por tanta emoção e a música "(...) I 'll be there - Eu estarei lá". Todo mundo quer que haja alguém para estar lá, essa é a verdade. Eu acho que isso tudo acabou confirmando e afirmando todo o vínculo. E no final daquela sessão só me restava mesmo dizer, até porque você tinha levantado a bola para mim: "Por que não fazermos então outras sessões, já que, com duas, a gente foi tão longe?" Então, faz o que tem que ser feito, caramba! A bola está no seu pé, faz o convite. E eu fiz.

Ermil: Mas agora ouvindo-te falar, penso eu, Dulce, qual foi, de fato, o disparador? Foi mesmo *A falta que a falta faz*? Ou a música do Rubio?

Dulce: Pois é! Para o grupo eu acho que foi *A falta que a falta faz* naquele momento, mas para todos nós, enquanto participantes, as pessoas do grupo, os potenciais *coaches*, os convidados, talvez tenha sido a música. Porque estávamos todos ali em plena Semana Internacional de *Coaching*, a maioria que estava ali era *coache* profissional, e todo profissional que se prese sabe que precisa estar sempre estudando. Então estávamos todos ali em *flow*, ávidos por aprender e por coletar tudo de melhor. E aquela música, a forma como foi declamada. Né? Porque ela foi declamada, traduzida com a emoção dele, que é uma pessoa superintrovertida. Ele se expôs muito, ali. Houve ali um valor gigante, que eu reconheço e admiro. Eu fiquei tão surpresa! Falei: "Meu Deus! Fazer isso com tanta plateia". Caramba! Que emoção, né? Então foi... Eu acho que tudo aquilo ali contribuiu para aquele desfecho e para o que está acontecendo, da gente estar fazendo um livro com essas pessoas.

Ermil: Mas foi muito interessante, porque eu acho que mudou um bocadinho o rumo da nossa experiência, naquele momento. E ele também foi te protegendo, né? Entrando, e depois dizendo: "Olha, há pessoas que saem, que entram. Ela tem de se entregar ao grupo, portanto. deixa ela trabalhar".

Dulce: É. Ele tinha uma função, ali, de guardião, né? Uma coisa assim. Eu me lembro que, quando eu fiz essa pergunta da coisa boa, teve um rapaz que estava tão envolvido. Ele não era do grupo que ia participar da arena, mas estava na plateia. E ele respondeu que foi muito interessante porque você via, ali, o desejo das pessoas participarem. Até quem não estava no grupo já pré-selecionado. E ele, sinalizando: "Olha! Não chamem a Dulce no *chat* porque ela precisa estar inteira ali!" Foi um *coach* assistente, também.

Ermil: Foi mesmo. Olha, porque falaste de uma coisa que foram duas *coaches*. De fato, foram três.

Dulce: Pois é. Nós tivemos a Dani, tivemos a Elsinha...

Ermil: É. E a Ana Gallo.

Dulce: E a Ana Gallo É isso mesmo!

Ermil: E que ainda ficou até o final.

Dulce: Fernando, já estudando quatro *coaches*. É verdade.

Ermil: É. O interessante é que depois de a Elza sair, porque chegamos à terceira sessão, ela permaneceu dentro do grupo até o final. Foi uma coisa incrível.

Dulce: É. Ali foi muito importante para a Elza e para o grupo. A Elza queria trabalhar a capacidade de dizer não e, logo na segunda sessão, começou a receber uma série de convites, de propostas de trabalho que impactariam justamente o dia que a gente tinha selecionado para trabalhar. E aí ela me trouxe essa questão no privado, individual: "Dulce, como é que eu vou dizer não para um grupo maravilhoso, que eu adoro e que me adora?". Eu falei: "Ué? Mas talvez não seja tão difícil. Se o grupo adora você e você os adora, está, tipo assim, em um colchão, né? O que você está sentindo?", "O que eu preciso dizer", "Então, o que impede você?", "Ah! Você não vai ficar chateada comigo?". Eu falei: "Não, você está exercitando conosco a capacidade de dizer não". É um privilégio exercitar essa capacidade com quem a gente sabe que vai nos acolher. Porque se eu começo a exercitar essa competência com quem vai me dizer: "Some daqui, já que você está me dizendo não", isso vai ser traumático, e horrível. Agora, se você está dizendo para mim que precisa falar, e que quer fazer isso da forma como está fazendo agora, para mim, com essa amorosidade, com esse respeito, com esse cuidado, é diferente. E ela ainda falou: "Dulce, tanta gente batalhando para entrar no grupo e eu pensando em sair. Não vai parecer ingratidão?". Porque olha só, a gente estava lidando com os extremos o tempo todo, Ermil. Eu falei: "Só vai parecer se você não for legítima e autêntica com o que está sentindo".

Ermil: Exatamente!

Dulce: Se você for fiel àquilo que está vivenciando, não vai parecer nada, vai simplesmente mostrar aquilo que é: houve uma série de propostas que impactaram o seu horário, que você está sofrendo imensamente, mas vai ter que dizer não. Mas você vai ter que dizer não porque um canto lá vai oferecer uma oportunidade financeira que é interessante para você neste momento. E aí ela pôde dizer o não, mas, de fato, não saiu do grupo do WhatsApp porque, de alguma forma, eles não deixaram, eles a convidaram a permanecer, e ela permaneceu. E aí, ela sempre me perguntava sobre o grupo. Mais ou menos na oitava para a nona sessão, eu perguntei assim para ela: "Aquele seu projeto já acabou?", aí ela: "Já". Eu falei: "Gostaria de vir na décima sessão?" Ela ficou emocionadíssima, porque foi meio como a parábola do filho pródigo, sabe? Voltei para o lar. Uma coisa mais ou menos assim. E foi uma surpresa que eu fiz para eles, porque é um doce de pessoa. É uma pessoa meiga, amorosa, engraçada, simples, verdadeira. Quem não quer ter uma pessoa assim por perto? Então, quando ela apareceu, o olhar do grupo todo se iluminou. Ela é como aquela pessoa que às vezes sai, mas continua. Diferente daquela que está lá, continua, mas com a alma em outro canto.

Ermil: Exatamente!

Dulce: Então a Elza, ela teve uma presença energética nos dez encontros. Foi muito interessante porque virou, acabou virando um espelho, uma reflexão de como a gente pode exercitar a capacidade de dizer não, como ela fez conosco.

Ermil: E mais alguma coisa: Elza, ela deu uma lição, porque o que aconteceu de fato, ela cumprir o objetivo dela de se reinventar antes da aposentadoria foi exatamente uma lição de resiliência. Falamos de resiliência, portanto, trago a resiliência e saio do grupo cumprindo o meu objetivo. Foi uma lição, porque ela, de fato, quase cumpriu o objetivo na segunda sessão, depois de duas sessões.

Dulce: É verdade, é verdade!

Ermil: E foi uma lição para o grupo. Olha: "Reinventar-me antes da aposentadoria, por isso eu tenho de sair do grupo".

Dulce: Exatamente! E foi muito especial mesmo, por ela ser a mais velha do grupo, pelo objetivo eleito, por toda verdade e sinceridade que ela trouxe. Foi muito interessante! Eu diria que tudo se encaixou, ali, bonitinho, né? É o tal do alinhamento estrelar, que às vezes acontece.

Ermil: Exatamente, exatamente! Foi uma sessão bem interessante. E eu permaneço com essa sensação de que foi, de fato, uma lição de resiliência, e que se encaixou muito bem com a dinâmica do grupo e com os objetivos do que cada um queria trabalhar.

Dulce: É. Todas as sessões foram emblemáticas, não é, Ermil? Você vê que, até nessa sessão mesmo, a segunda sessão, quando aconteceu a manifestação da Fabi como emergente do grupo, quando ela entrou de um jeito e saiu de outro, não foi belíssimo? O próprio processo a revitalizou, a restaurou por meio das reflexões, das perguntas, das respostas, dos silêncios. A gente também teve momentos especiais ali, quando trabalhamos na dinâmica do "algo", em sessões mais pra frente, em que tivemos a presença de objetos, de livros, de retratos, inclusive retratos em preto e branco, que foram muito mobilizadores para uma outra colega que estava na arena. E ali foi fundamental, porque nós demarcamos, de uma forma muito técnica e estrutural, uma diferença básica entre a psicoterapia e o *coaching* de grupo, para que não mobilizássemos o inconsciente, mas o acolhessemos. Porque ele, de fato, vem, não só nos processos grupais. Ele vem até em uma sala de aula, ele vem na vida. E a gente o recebeu com técnica, e o mandou de volta para o lugar dele com muita transparência, com muita verdade, com muita humanidade: "Minha querida, levanta, vai lavar o rosto, vai beber uma água" para que ela pudesse se organizar, e a gente continuou pensando e refletindo sobre aquelas questões do presente e do futuro e o que vou fazer com isso dentro do objetivo que quero desenvolver. No caso da colega, era a autoconfiança, principalmente em dar má notícia para aqueles clientes que queriam vender o seu imóvel por um milhão de euros, quando o imóvel valia trezentos mil. Como eu digo isso? Passa por esta questão: "será que não está valorizando meu patrimônio?". E, às vezes, não é isso. Quando você não é da área, pode correr o risco de valorizar demais sem levar em consideração os critérios que toda área tem em termos de avaliação. Então, isso era uma questão que pegava muito para ela. E foi muito interessante essa vivência para mim, porque surgiu na hora, e eu pude mostrar para as nossas alunas, para ela, que eu precisava, de alguma forma, ajudá-la nesse sentido para que ela não se sentisse mal por ter levado algo tão mobilizador. Era o que ela queria levar de melhor, a mãe e o pai, que era, inclusive, a estrutura de resiliência dele. Esse rapaz era até o dono da competência resiliência, então era como se fosse assim: ele tinha a chancela do grupo, porque estava todo mundo embaixo da resiliência como uma competência guarda-chuva. E foi interessante, pois naquele momento todo o grupo podia ter virado para outra linha, o que não aconteceu porque houve uma intervenção técnica precisa naquele momento. Eu acho que foi muito legal a gente se lembrar desse momento especial.

Ermil: É, na verdade foi um momento especial, sim. Falando nisso, eu acho que cada sessão - não acho, eu sei - foi assim, como uma dança. Um integrante do grupo surgiu como uma voz do grupo. Na quarta sessão foi uma dança entre a Fabi e o Fernando. Na outra sessão foi a Dani falando. Cada sessão teve um emergente que falou em nome do grupo. Foi muito interessante que eu já reparei, na quarta sessão, que esse grupo, de fato, fluiu sem dificuldade, sempre uma onda, fluindo com a onda e, agora me vem uma expressão: esse grupo sempre deu um jeito para qualquer coisa. Sem batalhar muito, sem lutar uns com os outros, trabalhando juntos. Foi uma conclusão até mesmo o final do processo da Fabi: "olha o poder que tem o grupo". Na verdade, esse grupo sempre deu um jeito. Deu um jeito, no início, de ficar conosco, depois contigo, conosco, depois deu um jeito naquela coisa de quem vai participar, quem não vai participar, depois com a saída da Elza. Eles sempre encontraram um jeito de fazer as coisas, mas de uma forma muito fluida. É muito profundo.

Dulce: E verdade, é verdade! Eu acho que tinham, todos ali, a capacidade de adaptabilidade bem resolvida, porque ela está ligada, também, à resiliência, né? Você se adaptar às situações. E havia ali uma conexão não só entre eles, mas entre as metas de competências. Elas com as dos outros. Cada um desenvolvia a sua e mais a do colega, porque via que aquilo ali era interessante, também. Eu acredito que todos acabaram se energizando em todas, mesmo. Até porque todas saíram da resiliência, né?

Ermil: Exatamente, todas saíram da resiliência. Falando de técnica, agora olhando aqui... Outra pergunta inicial que usaste na quinta sessão foi: "O que aconteceu quando se surpreenderam usando a competência de vocês na semana passada?"

Dulce: Essa pergunta é boa para o meio do processo, porque às vezes a gente começa a inaugurar uma ação e está no piloto automático, não percebe que aquela ação já está um bocadinho diferente, que já tem outro desenho, já está inédita, uma ação parida. Então, quando a gente convida as pessoas a se flagrarem fazendo alguma coisa relacionada à competência que elas querem desenvolver, a gente - me lembrei até da palavra em espanhol, *involucrar* - se envolve no objetivo que as pessoas querem desenvolver, vamos dando a elas consciência, no sentido de

"Verdade! Olha! Eu já estou fazendo isso e nem percebi que já estava fazendo isso". E aí eu me lembro muito da fala da Ana Galo, quando ela trouxe o meio a meio, uma parte de quando que ela conseguiu atingir o objetivo dela, e outra em que ela percebeu que descarrilhou um bocadinho, sentindo-se insatisfeita. Mas ela pôde ver qual era o obstáculo que estava enfrentando para que, em outra situação, pudesse mexer e começar a ressignificar os passos do plano de ação dos participantes. A gente começou a fazer esse trabalho de inaugurar novos passos, para que fosse possível dar uma encorpada nesse plano de ação para o objetivo começar a tomar uma forma mais concreta no sentido de produto, sem ficar só na meditação, na reflexão. A gente queria levar a coisa para o real, para a prática, para o concreto. Começamos a fazer essa travessia, que, realmente, é uma travessia. Mais ou menos da quarta até a sexta sessão foi como se o carro tivesse que começar a pegar, ali. Você já fez várias intervenções, já girou o caleidoscópio, agora vai. E aí vai, porque você já está com tudo amaciado, com tudo encaixadinho para funcionar.

Ermil: Exatamente! Eu acho que entrei no momento certo, porque me agrada muito esta parte de: "E aí, José? Fazemos o quê com essa aprendizagem?" . E acho que, a partir da sexta sessão, quando entrei um bocadinho, foi exatamente o momento certo para, depois de tanta introspecção, de tantas descobertas, acelerar um pouco mais. E o que vai fazer com isso? Explica um bocadinho mais, como é que vais usar? Em termos de consciência, de trazer consciência, gostei também de uma pergunta que você fez na quinta sessão, que começou com os momentos em que vocês os surpreenderam fazendo, exercitando a competência, e que acabou com o que vocês aprenderam e não sabiam antes. Porque normalmente é o que você vai levar, mas de maneira consciente: "o que vocês aprenderam hoje que não sabiam antes da nossa sessão?".

Dulce: Isso! É muito importante a gente estar ligado ao que sabe e àquilo que a gente não sabe da gente. Aquilo que a gente não sabe da gente está dentro da nossa capacidade potencial. É um mundo de possibilidades. Então. quando pergunto assim: "O que aprendeu sobre você que não sabia até terminar essa sessão?", eu estou convidando você a acessar a sua capacidade de potencial. Como se fosse assim: "Uau! Olha o que eu falei! Eu não sabia que era capaz de falar como o primeiro de todos. Eu achava que era tímido", um exemplo qualquer. Mas o que que aconteceu aí? Ah! Será que quando eu estou em um ambiente confortável, seguro, confiante, de proximidade, sem julgamento, eu consigo me lançar do trapézio? E eu não sabia isso em mim.

Agora eu estou sabendo. Talvez porque eu não esteja perto de pessoas que me julgam, que falam que eu sou isso ou aquilo outro. Então a pessoa tem a oportunidade de parar e pensar naquilo que ela não sabia sobre ela mesma para poder ampliar a consciência. Essa é uma pergunta, uma reflexão poderosíssima para os processos de desenvolvimento humano e, principalmente, para o *coaching*. Poderosíssima!

Ermil: Falando de coisas poderosíssimas, que tal o humor? Porque eu me lembro de uma frase tua sobre... olha que virou uma aula de português agora. E eu dizendo que o caldeirão é da Dulce, mas que tenho de inventar uma outra coisa. Disseram também que temos humor. Qual o papel do humor no processo de *coaching*?

Dulce: Nossa! Então, reza a lenda que o humor é uma lei universal da física quântica Tem várias músicas que reforçam isso, né? "É melhor ser alegre do que ser triste", enfim. Você contar uma boa piada, ou lidar com uma situação difícil de uma forma bem-humorada é uma maneira interessante de lidar com aquilo que talvez seja intolerável. Porque, se você para e pensa, assim comprido: "Qual é o fim de tudo?" Quando você decola para o infinito, não tem mais jeito. O que pode ser pior do que isso? Nada! Então o que está diante de você talvez seja uma oportunidade de você brincar sobre isso. Eu sempre usei o humor como aliado. Principalmente nas situações difíceis, principalmente nas situações de saia justa, principalmente nas situações em que eu não sabia o que fazer. É como se o humor fosse uma catapulta - o grupo gosta muito desta palavra - para tirar você de uma zona cinzenta e jogar em uma área colorida. Então a gente brinca com essas metáforas, essas analogias que vem à nossa cabeça: virou aula de português, porque você sai daquela coisa formatada, rígida. E agora, o que, que ela vai fazer? Qual a técnica que ela vai lançar? Não tem técnica nenhuma, nós vamos rir, nós vamos falar uma coisa bem engraçada e vamos rir.

Ermil: É coisa de presença também, né? Quando o *coach* joga uma piada, mas uma piada que vem naquela altura, não uma piada que ele já tenha preparado antes da sessão.

Dulce: Senão ninguém ri, né?

Ermil: Exatamente!

Dulce: Ninguém ri. Agora, quando você pega aquilo - de novo a história do arqueiro - e encaixa no ponto certo, nossa! Isso mostra o que você falou mesmo, a conexão, a presença, mostra que você está ligado. E dá aquela sensação de que, como é vida, tudo que é para entrar, acontece. E a alegria, o humor é vida. Porque esse humor do qual a gente está falando não é um humor negro, não é um humor sarcástico, é um humor que levanta, que energiza, que faz você se descontrair, faz você rir de verdade, até da sua ignorância, dos seus medos, dos seus receios, e você brinca, literalmente.

Ermil: Exatamente! Mas o que levou você a compartilhar com o grupo o que os outros disseram de cada um? Mesmo que fosse de uma maneira anônima?

Dulce: Sim, é muito... Isso aí já é uma técnica, tem mais a ver até com aquelas pessoas que são *coaches*, ficam curiosas sobre como se dá o processo grupal. Quando você dá esse tipo de *feedback*, não importa **quem** está dizendo, pois a gente não está ali para fazer amiguinho. O que importa é o **que** se está dizendo. O que está dizendo faz parte de mim? Se faz parte de mim, ok, vou colocar para trabalho ou vou ampliar e melhorar. Se não faz parte de mim, não tem eco. Por isso que eu brinquei, aula de português, pronome relativo. Não interessa quem disse. É o que disse. Olha, quando você diz: "Você está sendo visto desta forma, desta forma, desta forma, desta forma", e você quer trabalhar a habilidade de lidar com pessoas difíceis, disso tudo, veja o que é seu. Existe uma ferramenta que se chama Janela de Johari, que fala exatamente isso. São quatro Eus: você tem o Eu aberto, que é o que você mostra; você tem o Eu secreto, que são os seus defeitos, os meus defeitos, os nossos defeitos que a gente sabe que tem e esconde, a gente senta neles; a gente tem o Eu desconhecido, toda a gente vê, mas só eu não vejo: "Eu faço isso?! Não sabia que eu fazia isso", "Faz. Fulano falou que você faz, beltrano falou, secrano... Todo mundo fala que você faz. Só você que não vê". Às vezes está embaixo do seu nariz, mas você fica vesgo, não vê direito; e o Eu inconsciente, que nem os outros sabem e nem você, também. Vai saber quando lidar com o seu "não saber". Se você não lida com o não saber, fica tudo não sabido, escondidinho lá, a "sete palmos" ou no "fundo do mar". Então você fazer esta partilha sobre como está sendo percebido no grupo. É muito importante, porque dá ao eu a condição de ver o seu eu na ótica dos outros. Isso faz com que você cresça como um Eu, como pessoa, que cresça como Eu – não eu, Dulce, mas enquanto primeira pessoa do singular. Porque aí você começa a pensar em si mesmo por perspectivas. E começa a fazer esse exercício de sair de dentro de você e olhar para si mesmo. É uma coisa que o ator e a atriz já fazem há muito tempo, porque eles se veem nos filmes, na televisão, mas nós, humanos mortais, nem sempre fazemos isso. "Olha lá, olha a cara que eu estava. Eu não estava nem com raiva, mas por que a sobrancelha cerrada?". Porque, muitas vezes, você não tem consciência da sua imagem, do seu esquema corporal Quando começa a olhar para o que está trabalhando com grupos, com várias *personas*, com vários rostos, você tem que estar atento a isso. Ainda mais no mundo de hoje, em que você tem uma câmera, quer dizer, você está ali, em presença e em *performance*, está registrado o que você falou. Não é como uma sessão, que não é gravada. Se não foi gravada, acabou. Você pode até, daqui há alguns anos, não lembrar. Mas se está gravado, como a gente está fazendo aqui agora, está lá, documentado, está registrado. Podemos ver daqui a um ano. E está lá. Não tem como dizer: "eu não disse isso", ela disse, está lá. Então, é um bocadinho diferente.

Ermil: Lembro-me de uma experiência pessoal, porque antes eu costumava dizer que não era criativo e, às vezes, em um ambiente de *workshop*, amigos - não amigos, mas colegas de *workshop* - encontrei, um dia, um papel onde estava escrito "És criativo" exatamente assim, no meu computador. Porque o que acontece é que, em um processo de *coaching* grupal, o cliente não tem um espelho só, o *coach* tem vários espelhos ao redor dele, vários espelhos. E pode aproveitar todas as imagens que se formam nos outros espelhos que ele tem, os outros participantes.

Dulce: Exatamente!

Ermil: Os outros participantes.

Dulce: Exatamente! Até que ele possa se dar conta do que está fazendo com si mesmo, né? Assim ele começa a ter o parâmetro dele, também a partir do outro. O processo é fantástico! Eu diria que é o entrelaçamento humano. É muito legal.

Ermil: Sim. E depois, eu acho que, voltando um bocadinho para o início da nossa parceria, acho que fazemos uma equipe muito boa. Porque eu, depois da metade do processo, senti o desejo de mudar um bocadinho para o concreto. Por exemplo, quando eu voltei àquela pergunta para a Dani: "Olha, mas fala um bocadinho. Não só do grupo. Fala de ti, do que acontece contigo. Vamos mudar um bocadinho para o concreto. Vamos... "E acho que foram algumas, alguns recursos disparadores muito interessantes. Na sétima sessão, aquela viagem pelos objetos trouxe um bocadinho de leveza, fez com que não fosse tão pesada. A anterior tinha sido, houve muita emoção. Também na oitava sessão, aquela coisa da roda de criança, acho que foi um impacto incrível, porque trouxe mesmo um *insight*, como: Olha! A criança não tem impressões prévias. A criança sabe o que tem de fazer. A criança interior sabe o que tem que fazer, mas o adulto é que está perguntando. Mas se aquilo vai dizer isto, vai dizer aquilo... não, prefiro calar. Prefiro não dizer. Acho que foi um processo muito completo.

Dulce: Foi, foi sim. Da sétima para a oitava sessão, a gente começou, o tempo todo, a fazer o vínculo da reflexão com a ação, reflexão e ação, reflexão e ação. O tempo todo a gente resgatava o terceiro passo, quarto passo. Vamos espremer esse caldinho aí. O que ficou e o que não ficou. Foi muito interessante esse processo deles, mesmo. Em alguns passos até dos colegas, eles percebiam que, às vezes, era interessante importarem para si próprios. Então, houve também até uma troca de alguns passos que eram, vamos dizer assim, encaixadinhos na realidade deles e que eles entendiam que seriam capazes de fazer, também. Foi um processo coletivo, mesmo. Eu me lembro que, a partir dessas sessões medianas da sexta até o final, nós entramos nessa tendência: reflexão e ação, reflexão e ação, em predominância. Acho que a sessão em que nós usamos o *Punctum*, os cartões do *Points of You* também ajudou a fabricar esses passos, porque a imagem sempre ajuda a gente a refletir, também.

Ermil: Fazer músicas. E eu acho que nem foi uma decisão, foi uma sensação de que era o momento certo para espremer um bocadinho mais, porque lembro-me de que, quando fiz aquelas perguntas ao Oseas, que o trouxeram, o levaram a falar sobre Indiana Jones, sobre andar com fé, em um buraco com fé, isso impactou muito o Fernando; essa história impactou todos. Era exatamente o momento certo para espremer um bocadinho mais, para desconstruir um bocadinho mais. E para mudar, no concreto, passos como: o que é paciência, o que significa paciência, o que significa leveza.

Dulce: Isso!

Ermil: Foi muito bom porque... Desculpa! Eu acho que é muito importante agir ao final.

Dulce: Sim! Para a ação tornar-se justamente concreta, registrada. Eu me lembro de que algumas músicas entraram no álbum. Teve "Brincar de viver", que também foi decodificada pela Ana e pelo Fernando, depois teve o presente da Dani de fazer o Spotify com todas as músicas, aí teve o seu fado, teve a música que eu declamei do "Viva a gente", enfim... Houve várias, várias composições. "Andar com fé eu vou que a fé não costuma faiá", o próprio Oseas trazendo. Foi realmente um trabalho muito especial. Merece realmente este livro que a gente está produzindo, e o mais legal é a gente colocar esta conversa, este debate, no final do livro, né?

Ermil: É!

Dulce: Eu acho muito legal entrar realmente no final, depois de tudo, para a gente poder ver. Como é que a gente chama essa conversa, hein? "Dois *Coaches* e um café?". Como é que a gente chama?

Ermil: Não sei, mas acho que agora, depois de quase duas horas de conversa, nós temos um potencial, só com este grupo, de escrever um livro de técnicas de *coaching*, o que o *coach* tem que fazer. Só com a experiência desse grupo.

Dulce: Nós usamos jornais, para confrontar a realidade externa com a realidade interna. É uma técnica muito legal para se fazer nos processos grupais, ainda mais com aquele objetivo, que era desenvolver competências relacionadas à resiliência dentro de um cenário pandêmico, em que a gente pode ver, por meio desse documento oficial que é o jornal, a âncora da realidade externa, o mundo inteiro. Você trazendo coisas da Romênia, a Lia trazendo coisas de Portugal, todos os outros trazendo coisas do Brasil, charges. Não só jornais, mas os próprios programas televisivos como o Roda Viva, que é um programa de referência no Brasil. Nossa! Foi muito rico. Acho que a gente transitou em várias áreas das inteligências múltiplas, né? Poesia, música, desenhos, a própria produção científica por meio dos artigos, enfim. O humor, a alegria, as piadas. Acho que a gente conseguiu passear por boa parte das inteligências múltiplas do Gardner, eu acho.

Ermil: Exatamente! Mas, olha, um ponto que não falamos aqui. Acho que tivemos outro recurso, que não era um recurso, em si. As Meninas dos Bastidores. Qual acha que foi o impacto das intervenções delas? Não em nós, mas no grupo mesmo, na dinâmica do grupo.

Dulce: Então, uma coisa interessante que aconteceu, e foi legal você ter me lembrado, pois é importante estar nesta transcrição do livro, é que as meninas do processo grupal e os meninos, ao término de uma hora e quarenta, estariam liberados, e nos ficaríamos só com as *mentees*. Você, as ex-alunas e eu, no máximo a Xará, a Dulce Martins. Mas ninguém queria ir embora, todo mundo queria ficar. Acho que o impacto, no grupo, foi muito valioso, porque eles perceberam que elas aprenderam com a aprendizagem deles. Eles se sentiram inspiradores delas. E mais: eles se sentiram, inclusive, agraciados por elas. É como se fosse assim: É importante, para nós, assistir vocês. E no final, ficou assim: Nossa! A gente que nem sabia o quão importante era vocês nos assistirem. Sabe? Uma coisa mais ou menos assim. Porque quando a Nídia falava, eu senti com vocês, eu cresci convosco; quando a Gisele tocava; quando a Lúcia falava da emoção que ela experimentava, do que ela tinha tirado para ela, em termos de aprendizagem, da reflexão que ela testemunhou, enfim. A Ivana atenta ao tacho, ao passo, aos meus atos falhos, porque não entendi exatamente o que a pessoa tinha falado.

Ermil: Oséas, Ermil...

Dulce: Pela questão do canal auditivo, da ferramenta do Zoom. E na hora, eu ficava assim: Gente! Ela não falou. Ela falou aquilo que a

Ivana falou. Coisa interessante. E ela atenta a isso, quer dizer, a presença manifestada também nos bastidores. Isso foi fantástico!

Ermil: E eu acho que aquela coisa do grupo permanecer depois de a sessão ter sido acabada também trouxe confiança, sabes? Porque também trouxe: Ok! Nós vamos ir embora. Então nós vamos embora e o que acontece com nossa sessão? O que eles fazem? O que eles, elas fazem, depois? Eu acho que trouxe muita confiança para o grupo atuar e ter sessões normais sabendo o que vai acontecer depois. Ou mesmo, quem sabe? Com curiosidade, o que vai acontecer depois. O que eles vão dizer? O que elas vão dizer?

Dulce: É verdade, é verdade! E no final, virou tudo um grande grupo, né?

Ermil: É, exatamente!

Dulce: Porque elas continuam interagindo no WhatsApp não só entre eles, grupos da arena, mas com todos que participaram, as Meninas dos Bastidores, eles, elas. Foi muito interessante. Muito interessante, mesmo! Eu acho que, até hoje, pode ser que haja outros, eu sempre costumo dizer, recentemente é o meu melhor trabalho. Nunca é o último, é mais recente. Porque o último, só quando eu decolar. E, assim, em 2017, como eu fiz o trabalho de *coaching* de grupo para *coaches* com as *coaches* portuguesas, que gerou o livro *Eu, nós e a rede*, foi tão fecundo, tão maravilhoso quanto este, mas o que este traz de diferente é a questão da pandemia, óbvio. Estava todo mundo de joelho, literalmente, e nós tínhamos ali 50% de *coaches* e 50% de clientes. Então quando você faz um processo de *coaching* de grupo para *coaches*, tem uma forma. Quando você faz para mortais comuns que não são *coaches*, tem outra forma, tem outra tessitura, outro desenho. E a gente ali, no meio a meio. Foi muito interessante nesse sentido, também. Eu gostei muito. Acho que, até agora é um dos melhores trabalhos que, talvez, tenha aí o meu dedo de produção, com você e o pessoal.

Ermil: Eu também gostei muito e me trouxe muita, muita confiança ao conduzir algumas sessões. Trouxe-me muita, muita confiança com esse grupo tão maduro. Eu acho que, agora, estamos exatamente em um bom momento, de fazermos exatamente o que temos de fazer enquanto *coaches*, de fazer este reconhecimento do nosso trabalho.

Dulce: Isso!

Ermil: De reconhecer e parabenizar, a nós mesmos, pelo trabalho.

Dulce: Isso. Muito legal! Foi muito bom trabalhar com você.

Ermil: Dulce, foi um privilégio, e acho que nós fizemos mesmo um trabalho incrível enquanto *coaches*.

Dulce: Muito bom, Ermil! E aí, Ermil? Será que é um bom momento para pausarmos o *coaching*?

Ermil: É! Exatamente! Chegamos exatamente no bom tempo para fazer isso.

Dulce: Muito bom, muito bom! Então vamos aguardar, agora, a gravação, para a transcrição, e a gente bola um título para essa transcrição. Quem sabe: "Dois *coaches* e um processo grupal?".

Ermil: Pode ser, claro!

Dulce: Ou "Dois *Coaches* e Um Processo Grupal', alguma coisa assim. Vamos amadurecer a ideia, e a gente coloca isso como um peteleco final.

Ermil: Exatamente! Dulce, olha, vou parar a gravação e depois eu envio. Depois quer dizer daqui a três minutos, depois que a gravação tiver sido feita, eu envio para ti.

Dulce: Tá bom.

Ermil: E depois vamos ver o que vai acontecer.

Dulce: Tá. Eu vou mandar para a menina que faz as transcrições para isso poder ser um dos materiais do livro. O fechamento, inclusive. Tá bom?

Ermil: Tá bom. Muito obrigado, Dulce!

Dulce: Muito obrigada, sim?

Ermil: Tenha um bom fim de semana!

Dulce: Beijinho.

Ermil: Tchau, tchau!

Posfácio Kaamila Mahomed

Recebi o convite da nossa querida Dulce para escrever o posfácio do livro, o que me deixou muito honrada, surpresa e feliz. Tive a oportunidade de ser aluna da Dulce quando fiz o curso de *Coaching* de Grupos e Equipes. Curso esse que ajudou a desenvolver ainda mais a minha capacidade como *coach* e não só expandiu o meu mapa mental, como passei a ter mais uma ferramenta preciosa.

Durante o curso ouvi falar dos Resilientes Assumidos, da importância e do impacto que esse mesmo grupo operou na vida de quem tinha participado. Mas só fui perceber e compreender a magnitude do grupo ao ler o livro.

É surpreendente como podemos observar um grupo tão diferente, com pessoas de países diferentes, completamente multicultural e se desenvolvendo de forma tão espetacular. Mas seria surpresa se não tivesse sido um grupo multidisciplinar formado pela Dulce.

A Dulce sabe exatamente o contraponto de suas colocações.

Uma *Coach* envolvida completamente no processo, que segue sua intuição e nos ensina a amar o desenvolvimento humano. Ensina-nos a acreditar no processo do *coaching* e em toda a importância que ele pode operar na vida das pessoas.

Todo esse encantamento que ela nos promove é, sem dúvidas, a parte mais genuína de todo o processo.

Começando a leitura do livro eu já fui percebendo as nuances do que iria encontrar e o quanto de comprometimento havia em cada palavra ali reunida.

A magia que envolveu todos que participaram do grupo é passada, também, para quem lê. E em alguns momentos podemos e desejamos, verdadeiramente, nos incluir no grupo dos Resilientes.

Em meio à pandemia, que já dura mais de um ano, pudemos todos experimentar o objetivo principal do grupo, de trabalhar a resiliência.

Chamou muito a atenção a doçura das palavras escritas por Dani. Daniella Soncine foi minha colega no curso da Dulce.

Tive a oportunidade de trabalhar e trocar com a Dani muitas vezes, mas quando li o capítulo escrito por ela neste livro é que pude perceber o quanto esse processo tinha impactado a vida de todos os participantes. Por meio das palavras da Dani temos a certeza do quanto as pessoas que participaram do processo puderam crescer, fortalecer vínculos e se autodesenvolver, alguns como *coachees* e outros como *coaches*. Não só tiveram a oportunidade de experimentar todas as competências da ICF, como também aprenderam a importância e o respeito às regras de ouro.

Passamos, durante a leitura, a torcer pelas pessoas. Ficamos felizes quando as Meninas dos Bastidores foram aceitas pelo grupo. A cada música, vídeo, livro, foto apresentados, percebi como isso impacta a vida de cada um e a maneira como as histórias pessoais vão se entrelaçando e, muitas vezes, solucionando questionamentos internos. Ali, todos tinham uma história pessoal, mas durante o tempo que passaram juntos, puderam e reuniram as suas vivências num **EU** que virou o **NÓS**.

Todas as emoções reunidas e sentidas pelos Resilientes passam para o leitor. Vamos revisitando também as nossas emoções, quando somos impactados por todo o processo vivenciado por eles.

Quanta transformação em tão pouco tempo!

Mas eles só puderam experimentar tudo isso porque criaram um ambiente seguro e de respeito, completamente à vontade para se atirarem na arena. As emoções primárias não precisavam ser oprimidas, elas eram acolhidas, questões profundas puderam ser solucionadas.

Todos contribuíram uns com os outros, seja por meio da palavra seja pelo silêncio.

Não é fácil distinguir um processo tão profundo como esse vivido pelos Resilientes de *coaching* ou terapia.

Mas eles contaram com alguém formado para orientá-los e não deixar que a linha tênue que separa os processos fosse ultrapassada. Muitas vezes o *storming* que se formava era bem-vindo, servindo de espelho para que cada um percebesse o que buscava. Aprendiam a lidar com as suas emoções e também com as emoções do outro.

Ah! *O Grande Outro,* como a Dulce sempre diz.

Eles não tinham certezas, e sim muitos questionamentos. Mas como diz a Dani lindamente, foi um encontro de almas ali reunido. Almas que se encontraram para viverem, durante um período de tempo, a oportunidade de se autodesenvolver, crescer, se comunicar, florescer habilidades, exercer o foco e a resiliência.

Durante o processo de *coaching,* sabemos que é preciso haver técnica, mas também sabemos que, se não há emoção genuína, não é possível que haja desenvolvimento. Todos ali contribuíram não só como capital humano, tempo, sem julgamentos prévios, abertos a ouvir e a demonstrar solidariedade.

Toda essa tomada de consciência que esse grupo dos Resilientes Assumidos obteve no meio de uma pandemia, em um mundo totalmente incerto e complexo, é sem dúvida uma grande lição para quem está tendo a oportunidade de conhecer esta história tão bem escrita. Espero que todos tenham lido e descoberto como um grupo de pessoas tão diferentes pode impactar e oferecer mudanças na vida.

Kaamila Mahomed
Bacharel e Mestre em Direito, *Trainer* em Programação Neurolinguística, *MetaCoach* e *Coach* de Grupos e Equipes.

QUALITYMARK EDITORA

Entre em sintonia com o Mundo

Qualitymark Editora Ltda.

Rua Carlos Machado, 155 – sala 207
Polo Cine e Vídeo – Jacarepaguá
22775-042 – Rio de Janeiro – RJ
Tels.: (21) 3597-9055 / 3597-9056
Vendas: (21) 3296-7649

E-mail: quality@qualitymark.com.br
www.qualitymark.com.br

Dados Técnicos:

• Formato:	16 x 23 cm
• Mancha:	12 x 19 cm
• Fonte texto:	Book Antiqua
• Corpo:	11
• Entrelinha:	13
• Total de páginas:	120
• Lançamento:	2021